Schicksal Ostpreußen

Ostpreußisches Mosaik Band 14

Walter von Sanden-Guja

Schicksal Ostpreußen

Verlag Gerhard Rautenberg

Gesamtherstellung: Druckerei Gerhard Rautenberg, 2950 Leer
Dieses Buch erscheint mit freundlicher Genehmigung des
Landbuch Verlages, Hannover

Printed in West-Germany
ISBN 3-7921-0322-2

Inhaltsverzeichnis Seite

Vorwort

Dieses Buch ist wie „Das gute Land“ aus Dankbarkeit geschrieben und stellt eine Art Fortsetzung dar. Damals fielen mir das Leben und das Schreiben noch leicht: beide wurden getragen durch die Liebe meiner Eltern und die Harmonie der Heimat. Es war ein glücklicher Zeitabschnitt, obgleich an seinem Ende der Erste Weltkrieg stand und der Tod meiner Mutter alles zu verdüstern drohte.

Jetzt, nach vielen Jahren, haben sich Welt und Menschen verändert. Dem muß ich Rechnung tragen. Ich will es bewußt nur von meinem eigenen Blickfeld aus tun, von meinem Leben in Ostpreußen, auf dem Lande am nördlichsten See der Masurischen Seenplatte. Ich werde mich streng an die Wahrheit halten — nur an das, was ich selbst erlebt, gesehen oder aus sicherer, mir vertrauter Quelle erfahren habe.

Meine Liebe und Treue gelten am meisten unserer Heimatprovinz Ostpreußen. Über sie brach ein so grausames Schicksal herein, daß ich es im einzelnen aus Scham über das, was Menschen anrichten können, nicht wiedergeben will. Der Nationalsozialismus hatte gegen unsere Heimat einen Haß heraufbeschworen, der kein Erbarmen kannte. Die russischen Truppen waren in Ostpreußen auf den Befehl Stalins sehr grausam gegen unsere Bevölkerung vorgegangen und waren außerdem verbittert durch das, was von der Führung in der Ukraine geschehen war. Dazu kam als Drittes, daß der Gauleiter die Räumung Ostpreußens absichtlich hinausgezögert hatte. Die Bevölkerung sollte Widerstand leisten, die Männer kämpfen, die Frauen Panzerfäuste ergreifen und „sich in den Boden krallen".

Mein Lebenskamerad war mein ständiger Begleiter, immer tapfer, immer vorwärts schauend und nach oben! Wenn ich jetzt — nach über zwanzig Jahren — sehe, was sich in Deutschland tut, wie die Völker über uns denken und urteilen, will ich um der Wahrheit willen nicht länger schweigen, will von meinem Blickfeld aus unserer Jugend Aufklärung geben, wie es soweit kommen konnte. Ich kann es, weil ich damals schon während der Jahre von 1933 bis zum Ende des Krieges schriftlich festgehalten habe, was ich sah und erlebte. Diesen umfangreichen Aufzeichnungen habe ich es jetzt zu danken, den Tatsachen entsprechend schreiben zu können.

W. von Sanden-Guja

Rückblick

Einen Rückblick in den zweiten Teil des Krieges 1914/18 gebe ich im Gedanken an meine Frau. Über 53 Jahre sind wir glücklich verheiratet. Immer haben wir zusammen gearbeitet, zuerst für unser „Gutes Land"; und als alles verloren war, für unsere beiderseitigen Begabungen, die wir auf verschiedenen Gebieten mitbekommen hatten.

Sehr schwer war es uns am 1. August 1914, genau vier Monate nach unserer Hochzeit, in die Trennung zu gehen: meine Frau auf die Flucht vor den Russen nach Westen, ich in den Krieg nach Osten. Wir kannten uns von frühester Kindheit. Sie war 1894, ich 1888 geboren. Als sie ein Jahr alt war, übernahm ihr Vater, Landstallmeister Arnold von Schlüter, das königliche Gestüt Gudwallen im Kreise Darkehmen in Ostpreußen, 20 Kilometer von Launingken, an der Chaussee Darkehmen—Angerburg. Unsere Familien sahen sich oft. Immer war es eine Freude, wenn wir den Viererzug mit den gleichfarbigen Hengsten durch eine Baumlücke im Launingker Park über die hohe Angerapp-Brücke heranrollen sahen. Diese Freundschaft hat trotz späterer Versetzung meines Schwiegervaters nach dem Hauptgestüt Neustadt a. d. Dosse in der Mark Brandenburg gehalten und auch weiter nach seiner Übersiedlung auf den eigenen Besitz Schweinert bei Schwerin an der Warthe.

Im Herbst 1911 war ich zum ersten Mal dort auf einen Rothirsch zur Zeit der Brunft eingeladen. Als ich wieder abfuhr, ohne Hirsch, aber mit der festen Liebe zu meiner Edith und der ihren zu mir, war die Entscheidung für unser Leben gefallen. Nichts hat daran etwas ändern können. Geheiratet haben wir am 1. April 1914. Vorher war ich drei Jahre auf einem herrlichen Arbeitsplatz, unserem „Guten Land" im Hause meiner gleichdenkenden Eltern.

Für mich gab es neben dem Verhältnis zu ihnen nichts besseres als die Arbeit auf meiner Heimaterde, im Wald, den Feldern, dem Wasser; meine besondere Liebe galt der durch unseren Park fließenden klaren Angerapp mit ihren Fischen. Über drei Jahre habe ich meinen Eltern, besonders meinem durch viele Ämter sehr beanspruchten Vater, einen Teil der Arbeit auf dem damals 12 500 Morgen umfassenden Land abnehmen können. Außerdem war der Umgang mit meiner Mutter gerade in jenen Jahren ein großer Gewinn für mich.

Am ersten Mobilmachungstag trennten meine Frau und ich uns auf dem Bahnhof Braunsberg in Westpreußen. Was sich bis zu unserem Wiedersehen im frühen Frühjahr 1915 ereignete, steht im „Guten Land“: Die Schlacht bei Tannenberg, die Verfolgung der Russen durch die Armee Hindenburg an den Masurischen Seen, das blutige Schlachtfeld in Guja, der Marsch über Mogillno, Zenstochau, Radom auf Warschau und der plötzliche Rückzug, als wir seine Türme schon vor uns sahen, bis Lodz. Dann wurde als Letztes die Winterschlacht in Masuren beendet. Ich war von Lodz mit einem mir fremden Truppenteil nach Neidenburg verladen worden und sollte mich dort aufhalten, bis ein neuer Befehl käme.

Ostpreußen war vom Feinde frei. Es war meine Heimat und ich war Hindenburg dankbar. Von meiner Frau wußte ich durch einen Feldpostbrief, daß sie in Wilknit bei Verwandten von mir im Kreise Mohrungen in Ostpreußen war. Sollte ich es wagen, ihr Kommen zu mir nach Neidenburg durch ein Telegramm anzuregen? Es war ein Risiko, wie es während des Krieges nicht anders sein konnte. Acht Monate hatten wir einander nicht gesehen. Ihre Briefe waren zwar ohne Klagen, aber ich kannte sie und wußte, wie schwer ihr oft ums Herz sein mochte. Das gab den Ausschlag. Wir waren in Deutschland, die Russen heraus und Kampfhandlungen nicht zu erwarten. Ich sandte das Telegramm. Morgen konnte die Antwort bei mir sein. Das bisher Unmögliche — ein Wiedersehen nach langen Monaten — wurde Wirklichkeit. Strahlend in der Wiedersehensfreude, jung und froh stand sie vor mir. Gleichzeitig war ganz plötzlich ein wunderbarer Frühlingstag eingezogen, wie er so überraschend und stark nur in Ostpreußen kommen kann. Warmes Wehen von Süden und heller Sonnenschein über dem welligen Land.

Als wir ein von mir erwähltes, infolge des Krieges leerstehendes Häuschen betraten, lag noch kein neuer Dienstbefehl für mich vor. So hatten wir Ruhe, den schon vorher mit Holz geheizten Kachelofen neu zu füllen. Wir legten an Eßbarem zusammen, was wir hatten, und als das Feuer im Ofen knisterte, die Frühlingssonne durch die Fenster schien, war alles so schön und friedlich, wie wir es am Tage vorher noch nicht ahnen konnten.

Seit unserem Fortgang aus Guja war erst ein Bruchteil von der vor uns liegenden Kriegszeit vergangen mit der ständigen Ungewißheit um den anderen. Wir waren noch sehr jung, 20 und 26 Jahre, und unsere bisherigen Kriegserfahrungen waren gering. Daß es aber noch nicht so bald Frieden geben würde, fühlten wir beide. Wir sprachen nicht darüber, aber ich merkte, daß meine Frau stiller und ernster wurde. Daß wir seit Jahren zusammenhielten, hatte unsere Liebe stärker, fester und fürsorglicher für den anderen gemacht. Morgen schon würden wir uns wohl wieder trennen müssen. Doch wir konnten Zuversicht für die kommende Zeit hochhalten und fanden am nächsten Morgen, als mein Befehl da war, eine gute Gelegenheit, zusammen von einem sehr freundlichen Kolonnenführer, Dr. Krull aus Westfalen, in seinem Auto bis Ortelsburg mitgenommen zu werden. Wieder war es ein sonniger, warmer Vorfrühlingstag, der Trennung und alles leichter machte.

Die Kriegsverhältnisse, der Frühling, der Sommer und der Herbst 1915 verliefen gut. Nur meine Frau mußte eine immer schwerer werdende Zeit in Guja, inmitten des Schlachtfeldes mit vielen russischen und deutschen Toten durchleben. Daß dieser Zustand rechtzeitig beendet wurde, hatten wir meiner Mutter zu verdanken.

Mir wurde damals vom Generalkommando gesagt, daß ich mein eigenes Pferd, das ich auf mein Risiko mit in den Krieg genommen hatte, nicht mehr brauchen würde. Es war ein starker englischer Hunter, mit dem ich mich allem gewachsen gefühlt hatte. Der dunkle, nickende Pferdekopf mit den aufmerksam spielenden Ohren, die wehende Mähne, seine nie versagende Gehlust, hatten mir alle Ritte verschönt, gute und böse, im Krieg in Ostpreußen und auf dem Vormarsch nach Warschau. Immer war munteres Leben unter mir. Sein Galopp versagte nie. Nun mußte ich mich von ihm trennen. Das fiel mir schwer. Ich schrieb an meinen Vater. Er schickte mir einen unserer treuesten Menschen, den Deputanten Schwittkowski, der auf dem Launingker Vorwerk Eszergallen die vielen, jährlich an das Militär zu stellenden Remonten unter sich hatte. Es war ein Wiedersehen, bei dem wir beide nicht viel sprechen konnten... Er kam den weiten Weg von Tagen hergeritten, versuchte mir immer von der Russenzeit in Launingken zu erzählen, von meinem Vater, dessen Leben mehrfach bedroht gewesen war. Dann aber füllten sich seine hellblauen Augen mit Tränen, die Stimme versagte ihm. Den Kopf schüttelnd sah er auf seine verarbeiteten Hände und schwieg.

Es war etwas ganz Großes — diese ostpreußischen Arbeiterfamilien! Jede Arbeit, wo sie auch hingestellt wurden, verstanden sie. Nie werde ich ihr ostpreußisches Plattdeutsch vergessen, ihre treffenden Ausdrücke und ihren Humor. Treue in schweren Zeiten, erfahren vom einfachen Mann, vergißt man nie. Als Schwittkowski beim Abschied, die beiden Pferde an der Hand, vor mir stand, sagte er gar nichts. Er führte die Pferde bis zu einer nahen Baumgruppe, stieg auf und trabte davon.

Ich wurde nach Lyck gerufen, wohin der Stab des Generalkommandos XX verlegt werden sollte. General von Scholtz war unser kommandierender General, Graf von Schwerin der Chef des Generalstabes. Was ich in Lyck sollte, wußte ich nicht, war aber trotz meiner Abneigung gegen Kriege so preußisch erzogen worden, daß ich mich mit jedem Auftrag abfinden wollte und ja auch mußte. An der Front war Ruhe eingetreten. Ich war anscheinend überflüssig und erhielt ganz unerwartet Heimaturlaub, wohl wegen des über vier Wochen langen Einbruchs der Russen bei uns in Launingken und Guja.

Bald kam es wieder zu Kämpfen. Die Russen sollten weiter zurückgedrängt werden. Kolno, die Narew-Stellung, die Festung Lomza, Grodno, Kowno wurden von unserem Armeekorps genommen. Ich hatte dabei einen guten Posten, bekam einen Leutnant namens Schiller zugeteilt, ein Auto mit Fahrer und außer meinem Burschen noch einen Koch. Wir waren ein kleiner Hilfsstab, der für das bessere Funktionieren des Nachschubs sorgen sollte und beweglich sein mußte. Wochenlang lagen wir in Südostpreußen in Gehsen im Quartier, einem großen Dorf nicht weit von Johannesburg und ganz nahe der russischen Grenze. Das gab mir die Möglichkeit, mich neben aller Unruhe durch den Dienst wieder um meine Frau zu kümmern. Ich hatte ein gutes, geräumiges Quartier, schrieb ihr, sie sollte kommen, was sie sofort tat. Sie zeigte sich so wenig wie möglich. Auch im eigenen Land ist das besser. Ein Geheimnis haben wir aber nie daraus gemacht. Nicht nur in Gehsen wußte man davon, sondern auch im Stabe des Generalkommandos in Kolno jenseits der Grenze. Ich gab mir in meinem Dienst die allergrößte Mühe, und ihr bescheidenes Auftreten sowie ihre Erscheinung waren so, daß jeder, der sie sah oder mit ihr sprach, einen freundlichen Eindruck wie aus Friedenszeiten zu empfangen meinte.

Wir wohnten unmittelbar am Bahnhof Gehsen, einer vielbenutzten Nachschubstrecke. Fast jeden Morgen überflogen uns einzelne Russen und warfen Bomben, trafen aber nie. Während der Eroberung der Festungen begann der Vormarsch über die Landesgrenze auch für mich, und meine Frau fuhr nach Hause nach Guja. General von Scholtz nahm mit seinem Armeekorps die russischen Festungen in sehr kurzer Zeit, erhielt den Orden pour le mérite und wurde Oberbefehlshaber des AOK VIII, in dem er außer neu hinzukommenden Truppen auch seine alten behielt. Im Osten begann der Stellungskrieg. Nördlich von uns lag die Armee von Below, südlich die von Eichborn. Vor uns war Dünaburg an der Düna. Das AOK Scholtz bezog in Uziany Quartier, einem kleinen Judenstädtchen an der Chaussee Kowno — Dünaburg.

Uziany — Owanta

Inzwischen hatte ich wieder eine neue Verwendung im Stab des AOK Scholtz erhalten, von der ich zunächst nicht begeistert war. Aber sie hatte, wie sich herausstellte, viel Gutes. Mir war auf Befehl vom Chef des Stabes das Offizierskasino übertragen worden: mit allem, was dazu gehörte, einschließlich eines Teiles der vielen militärischen und politischen Gäste, die einen so hohen Stab in dienstlichen Angelegenheiten aufzusuchen hatten.

Von Kochen und ähnlichen Dingen verstand ich nichts. Niemals hätte ich einen brauchbaren Küchenchef abgegeben. Aber wieder waren mir die Wege auch zu diesem Amt ohne mein Dazutun geebnet worden. Als ich es antrat, übernahm ich sehr gute Ordonnanzen aus der Rheingegend, von Düsseldorf — Köln. Als Kasino-Unteroffizier Herrn Schmidt, den Chef der damals sehr bekannten „Lösch-Weinstuben" in Wiesbaden. Als Bäcker bekam ich einen Johannesburger namens Reipa, gut in seinem Fach und ein Fischer, mit allem vertraut, was dazu gehörte. Der Koch, auf den es ja besonders ankam, war Hamburger. Was aus seinen Töpfen und Pfannen auf die langen Tafeln kam, ist vom Oberbefehlshaber, von den Herren des Generalstabes bis zum jüngsten Leutnant nie getadelt worden. Wenn er in seinen Freistunden Gitarre spielte, dazu von der Reeperbahn und Sankt Pauli sang, putzten die Ordonnanzen ihre Bestecke und wuschen ihre Teller gern.

Daß alles militärisch exakt, der Ton unter den Leuten gut, zu den Offizieren freundlich und voll Anstand sein mußte, war klar. Exzellenz von Scholtz sah scharf, aber er war ein gütiger verstehender Oberbefehlshaber, auch zum einfachen Mann.

Sehr bald wurde mir bewußt, daß ich allen Grund zur Dankbarkeit für meine Stellung hatte. Es war Krieg! In Rußland leichter, in Frankreich schwerer, mit den Jahren immer blutiger werdend. Beim AOK war man über die Gesamtlage stets gut orientiert. Meine Versetzung zu ihm war ohne jedes Dazutun von irgendeiner Seite erfolgt. Das gab mir ein inneres Berechtigungsgefühl, sie zu halten, besonders im Gedanken an meine Frau. Krieg ist — ob mit Verlust oder Sieg — immer etwas Furchtbares! Wer kann die Verantwortung von soviel Menschenleid auf sich nehmen, besonders wenn es kein Verteidigungskrieg ist? Dieser erste Weltkrieg wurde noch ritterlich durchgefochten, der zweite wirkte sich zu einem Verbrechen jener aus, die ihn auslösten, und wurde es immer mehr. Beide Kriege zusammen können, wenn die Menschheit nicht rechtzeitig klarsehend wird, zu unser aller Untergang werden. Viel zu lange ist uns Deutschen das Wort vorgehalten worden: „Der Krieg ist der Vater aller Dinge!“ Nur Weniges in der Welt aber ist so schlecht, daß es nicht auch eine gute Seite hätte. Das war im Falle Krieg die Kameradschaft, die sich durch das harte Wesen des Krieges notgedrungen von selbst herausbilden mußte.

Etwa ein Vierteljahr war in Uziany vergangen. Das Judenstädtchen lag in einer ansprechenden, etwas hügeligen Landschaft mit kleineren und größeren Waldstücken, ebensolchen Seen und reizvollen Wasserläufen, die manchmal durch tiefe Schluchten eilten. Der Wildbesatz war gering.

Nur selten konnte ich in die Natur hinaus. Sie erinnerte an Ostpreußen, besonders die Gewässer. Durch das Vertrautsein mit der Fischerei und dem Wasser wurde es mir möglich, in Begleitung von Bäckermeister Reipa gute und große Fische für das Oberkommando zu fangen. Je länger der Krieg dauerte und je knapper er die Lebensmittel werden ließ, desto beliebter wurden unsere Hechte und Schleien. Radler, der Koch, wußte sie gut zuzubereiten.

Es war Herbst geworden, der Winter meldete sich. Die Feldpost arbeitete rasch im Stellungskrieg. Sehr oft wechselten meine Frau und ich Briefe. Eine leise Wehmut lag über ihren Zeilen, aber nie wollte sie mir Unruhe oder Sorgen um ihrer selbst willen bereiten.

Meine Tage waren oft bis in die Nacht hinein ausgefüllt. Ich kam wenig zum Nachdenken. Aber Guja sah ich oft vor mir. Die traurigen Eindrücke vom September 1914 waren in mein Gedächtnis geprägt. Hunderte von Toten, Russen und Deutsche, auf dem Hof, in unserem Haus, auf den Feldern und im Wald, jetzt in vielen Massengräbern. Die Brandruinen von elf Gebäuden, unser Wohnhaus bis in die Grundfesten erschüttert durch Granatentreffer, mit großen klaffenden Löchern im Innern und in den Außenwänden, jetzt nur notdürftig geschlossen, aber mit vielen Spuren in den Stuben. Möbel und Türen trugen Kugellöcher.
Überall noch offene Schützengräben, in denen zerbrochenes Kriegsgeschirr, Lumpen, Schuhe, Helme herumlagen, nur oberflächlich zugedeckte Tote. Eineinhalb Jahre später, als ich kurz in Guja war, stieß ich auf der Höhe des Mühlenberges mit dem Fuß an etwas nicht erkennbares Rundes. Es rollte den Berg hinab und war der Kopf eines Menschen von den Kämpfen am 9. und 10. September 1914.
Meine Frau schrieb mir, daß sie aus einem unserer Fenster zwei der russischen Gefangenen hätte in den Garten kommen sehen, zu einem der Schützengräben dicht an unserem hochgelegenen Hause gehen und dort zwei ihrer Kameraden ausgraben. Sie zogen ihnen die Stiefel aus, wuschen diese im nahen Flüßchen, der Rawda, und zogen sie selbst an. Die Kleidung für die Gefangenen war knapp und nur sehr schwer bei den

Behörden zu erhalten. Meine Frau konnte mit unseren eigenen Sachen auch nicht helfen, weil alle unsere Kleider, Mäntel, Betten und Wäsche von den Russen als Ersatz für fehlende Säcke mit Sand und Erde gefüllt in die Fensteröffnungen als Kugelfänge gepackt worden waren. Die Russen, die in unserem Quartier gewesen waren, hatte alle guten Möbel und wertvollen Dinge in die vom erwarteten Angriff abgelegenen Stuben gebracht. Eine hohe alte Standuhr war mit Zifferblatt und Glasscheibe vorsorglich zur Wand gedreht worden.

Meine Frau war in Guja nicht allein und doch einsam. Nur ein altes Verwalter-Ehepaar wohnte in einem Flügel des Hauses. Die Abende begannen im Herbst früher und wurden immer länger. In der Einsamkeit und Stille der Stuben knabberten die Mäuse, die durch die Risse in den Mauern hereingekommen waren. Das ganze verwüstete Guja war kein Aufenthaltsort für ihre zarte und junge Seele, dazu kam der Druck des weitergehenden Krieges. Oft dachte ich mit Unruhe an sie. Meine Eltern waren in Launingken mit sieben Nebengütern, den vielen Arbeiterfamilien, den fehlenden, zum Krieg einberufenen Männern so eingespannt, daß sie nur selten nach Guja fahren konnten. Meine Mutter hatte zwei treue Leute ins Haus gegeben, die äußerlich für meine Frau sorgen sollten und es auch sehr gut taten. Aber es war nicht ihre Art, innere Empfindungen auszusprechen. Sie hielt sich tapfer, ging hinaus zu den wenigen noch vorhandenen Arbeitern und den gefangenen Russen, versuchte nach allem zu sehen, was gearbeitet wurde und sprach mit dem alten Verwalter. Um die gefangenen Russen kümmerte sie sich besonders, gab ihnen Zigaretten, Zucker und was ihnen sonst die Gefangenschaft erleichtern konnte. Alle waren gute, fleißige Menschen. Zum Dank tanzten sie ihr am Sonntag Krakowiak vor oder sangen mit guten Stimmen schwermütige, russische Melodien und Volkslieder. Sie hörte sie gern, aber das Richtige für ihren Gemütszustand war das Leben in Guja damals nicht.

Gegen unsere Russen war nichts zu sagen. Als ich ihnen 1918 das Ende des Krieges mitteilte, hoben mich einige von ihnen auf ihre Schultern, die übrigen umgaben uns und liefen dreimal mit mir um den großen Hof, aus lauter Freude auf die Heimat und uns zum Dank.

Mitte November 1915 erhielt ich von meiner Mutter einen Brief, kurz und dringend wie einen Hilferuf: „Mein Walter! Es ist mir schwer, dir diesen Brief zu schreiben. Ich weiß, daß er dich beunruhigen wird. Es ist für deine Edith nicht gut, länger in Guja zu bleiben, so tapfer sie ist. Wäre es nicht besser, wenn sie als Hilfsschwester im Osten ins Feld ginge? Dort wird sie gebraucht und ist dir näher. In Guja ist es zu einsam für sie, im zerschossenen Haus, umgeben von so vielen Toten. Gib mir gleich Nachricht, wie du denkst! Ich glaube, ich würde es erreichen, daß sie herauskommt. An der russischen Front ist es ja jetzt ruhiger. Der Brief soll schnell zu dir, deshalb: Gott mit dir! Deine Mutter."

Sie erreichte alles so, wie sie geschrieben hatte. Das Rote Kreuz beorderte meine Frau zum Bahnhof Uziany, dort wurde viel durchreisendes Militär auf einer Verpflegungsstelle versorgt. Graf Schwerin schickte mich in einem offenen Auto mit zwei Fahrern nach Launingken, sie zu holen. Nach meiner Rückkehr sollte ich mich bei ihm melden. Unsere acht Stunden lange, interessante Fahrt im Dezember über Gumbinnen, Kowno nach Uziany werden wir nie vergessen. Ich brachte meine Frau sofort in mein winziges, hölzernes Panje-Häuschen, nahe dem Offizierskasino, dem Haus des Generalstabes und dem polnischen katholischen Pfarrhof, in dem Exzellenz von Scholtz sein Quartier hatte. Sie bekam mit Hilfe meines Burschen schnell etwas zu essen und legte sich schlafen. Ich deckte sie mit einem großen, weichen und warmen Liebesgaben-Woilach über die ganze Lagerstatt zu. „Schlafe ruhig ein, hier bist du sicher aufgehoben. Ich schließe unser Holzhäuschen von außen ab. Muß mich jetzt beim Grafen melden. In einer Stunde komme ich wieder nach dir sehen. Rühre dich bis dahin nicht viel. Am besten wachst du gar nicht erst auf. Ich kann auch nachher noch nicht bleiben, muß gleich in das Kasino zurück. Will dir hier nur schnell die Wanzen von der weißen

Decke absuchen bevor sie zu deiner eigenen Wärme vordringen. Ich fand bisher noch keine Zeit, sie zu vertreiben."

„Ich graule mich hier vor nichts! Bin froh, bei dir sein zu können." Schon bald ging Graf Schwerin zu der Roten-Kreuz-Stelle auf dem Bahnhof, sah sich den Betrieb dort an und lernte meine Frau kennen. Er mußte einen guten Eindruck von ihr gewonnen haben. Das entnahm ich seinen Worten. Eine kurze Zeit blieb alles so. Dann trat eine für uns neue, vollkommen unerwartete Situation ein.

Etwa 40 Kilometer von Uziany lag in unserem Armeebereich ein schönes, großes Gut, das von seinem polnischen Besitzer von Pommernatzki, aber nicht von dessen Arbeitern verlassen worden war. Mein alter Freund vom Vormarsch auf Warschau, Oberwachtmeister der Feldgendarmerie Sakowski, wußte von diesem polnischen Gut, hatte es genau besichtigt, auch das von Fremden unberührt gebliebene Gutshaus, und seine Eindrücke dem IIa, Major Bitthorn, berichtet. Diese Entdeckung bedeutete für die Armee Scholtz gerade das, was sie dringend brauchte. In ihrem Armeebereich gab es Soldaten, die aus Elsaß-Lothringen stammten und aus dem übrigen Deutschland solche, die heimatlos waren. Diese letzteren konnten weder, noch wollten sie auf Urlaub fahren, brauchten aber eine solche Zeit noch nötiger als Familienväter aus geordneten Verhältnissen. Bei den Elsaß-Lothringern war es immer zweifelhaft, ob sie nach Ablauf ihres Urlaubs zurückkommen würden. Sie fühlten sich als Franzosen. Das schöne Owanta mit dem großen Haus und einem weitläufigen Park mit vielen Bäumen, Wegen, großen Rasenflächen und der klaren, durchfließenden Wirinta mußte sich vorzüglich für ein Erholungsheim eignen. Ich wurde zum Grafen Schwerin gerufen, noch ohne von diesen Dingen zu wissen.

Er, auf dessen Schultern die Hauptverantwortung für die große Armee lag und der dadurch immer gehaltener und ernster war als die anderen Offiziere, schien mir an jenem Morgen heiterer.

„Kennen Sie Owanta?" fragte er.

„Nein, Herr Graf. Ich weiß nur von der Karte, wo es liegt."

„Gut, dann soll Ihnen der Leutnant Hell Auto und Fahrer geben. Sie fahren heute noch mit Major Bitthorn dorthin. Er ist im Bilde. Mir kommt es darauf an zu wissen, ob sich dieses polnische Gut zum Soldatenheim für etwa 20 bis 30 Mann eignet. Es gibt gewisse Schwierigkeiten mit den Elsässern und auch mit den heimatlosen Deutschen im Armeebereich. Aber Ausspannung brauchen auch sie. Gehen Sie gleich zu Bitthorn, verabreden sie sich mit ihm. Nach Ihrer Rückkehr kommen Sie wieder zu mir, auch wenn es spät werden sollte."

Schnell suchte ich Major Bitthorn auf. Ich fand ihn in seinem Dienstzimmer.

„Na, Sanden, wollen Sie 'ne Spazierfahrt mit mir machen? Weiß schon, nach Owanta. Soll Sommerfrische für uns werden! Bin froh, vom Schreibtisch wegzukommen. Dann wollen wir man gleich los. Der Graf scheint es eilig zu haben. Die Elsässer sind unsichere Kantonisten. Gibt er ihnen Heimaturlaub, so kommen sie nicht wieder, und auf Deutsche ohne Heimat ist auch kein Verlaß! Lassen Sie man gleich das Auto anspannen und holen Sie mich hier ab!"

Bis der Wagen vorfuhr, hatte ich noch Oberwachtmeister Sakowski verständigt, mitzukommen. Etwa 40 Kilometer waren es bis Owanta. Sakowski kannte das Land im weiten Umkreis genau. Täglich machte er seine Erkundungsritte, sprach polnisch, war ein erfahrener Menschenkenner; er hatte sich in den wenigen Monaten, die wir hier waren, einen umfangreichen Überblick von Land und Leuten verschafft. Die polnische Bevölkerung war bescheiden und ruhig. Ihre einfachen Geräte und Hilfsmittel wußten sie geschickt zu gebrauchen. Immer zeigten sie sich dankbar und freundlich, wenn man gut zu ihnen war.

„Owanta ist die Perle im weiten Umkreis", sagte Sakowski. „Als Erholungsheim gibt es keinen besseren Ort."

Nach eingehender Besichtigung fuhren wir noch vor Abend wieder nach Uziany zurück. Ich meldete mich beim Grafen Schwerin. Als ich sein Zimmer betrat, sah er mich fragend an:

„Sie scheinen zufrieden zu sein", sagte er mit einem besonderen, mir auffallenden Lächeln.

„Jawohl, Herr Graf! Das ganze Owanta mit dem großen schönen Haus, umgeben von dem weitläufigen Park, dem hügeligen Land, den Waldstücken und dem klaren Fluß, kann man sich nicht schöner wünschen. Die polnischen Arbeiterfamilien machen einen guten und sauberen Eindruck. Unter ihnen wohnt der alte Diener des Besitzers. Wir hatten Oberwachtmeister Sakowski mit. Er spricht polnisch. Mit ihm konnten wir uns ein zutreffendes Bild von allem machen."

„Und wie denken Sie weiter?"

„Weiter als über die gute Eignung habe ich nicht nachgedacht, Herr Graf. Es schien mir nicht zu meinem Auftrag zu gehören."

Der Graf äußerte sich nicht dazu, sah mich aber prüfend an und fragte:

„Wer soll das Heim leiten?"

Nun verstand ich sofort. Das Bild meiner Frau stand vor mir.

„An diese Möglichkeit habe ich nicht gedacht, Herr Graf! Meine Frau ist erst in diesem Jahr mündig geworden. Aber wenn sie sich's selbst übernimmt, wird sie es gut machen."

„Es wäre mir lieb, wenn sie das tun würde. Sprechen

Sie mit ihr und lassen Sie mich wissen, wie Ihre Frau denkt."

Das tat ich. Sie sagte sowohl zu mir wie auch zum Grafen ein klares zustimmendes „Ja", und dieses Wort wurde der Anfang von über zweieinhalb Jahren in Owanta, die ihr, den Hilfen, allen Beteiligten, den Soldaten und mir zu einem Segen wurden. Wunderbarer, besser und schöner als wir es uns je hätten denken können, war der Plan meiner Mutter und das in meine Frau gesetzte Vertrauen des Grafen Schwerin Wirklichkeit geworden.

Jetzt lag es an uns, Bestes zu leisten. Keine Enttäuschung durfte kommen. Es war sehr viel, was von meiner Frau verlangt wurde. Die meisten jener Soldaten, die vor ihrer Einberufung heimatlos gewesen, waren mehr oder weniger angebrochene, verbitterte Existenzen, mißtrauisch, leicht verletzt, immer die Schuld bei anderen suchend. Die Jugend meiner Frau, dazu das Wörtchen „von" waren geeignet, den Umgang mit ihnen zu erschweren. Aber das Gegenteil trat ein. In ihrer absoluten Reinheit, Aufrichtigkeit und Frische riß sie auch die Verbittertsten und scheinbar Unbelehrbaren mit sich fort. Ihre in solchen Fällen besondere Art, sich zu geben, bewahrte uns in jener Zeit vor allen Mißstimmungen.

Das Oberkommando in Uziany gab dem Heim einen älteren Unteroffizier, eine tüchtige Köchin, einen Kutscher mit zwei Schimmeln und einen festen Grundstock an Lebensmitteln. Major Bitthorn war die oberste Aufsichtsbehörde, immer freundlich und bereit zu helfen, wo es nötig war. Gute Mädchen für das Haus und die Küche fanden sich leicht aus den Arbeiterhäusern. Auch Jan, der Diener, kam von selbst und nahm seine altgewohnten Arbeiten im Hause auf. Mit je einer unter seine Füße geschnallten Bohnerbürste sorgte er alle Morgen in hüpfender Bewegung für die blanken Parkettböden. Man sah ihm die Zufriedenheit an, auch unter den Deutschen seine altgewohnten und liebgewordenen Pflichten ausführen zu können. Das war der äußere Rahmen im Hause. Aber es gab noch manches andere, was auf meiner Frau allein lag.

Der von ihr aufgestellte Tagesstundenplan bewährte sich von Anfang an und blieb die ganzen Jahre hindurch ein wesentlicher Bestandteil für das allgemeine Wohlbefinden. Andere Hauptpunkte waren die Mahlzeiten, Ruhestunden, das Draußensein, Briefeschreiben, Lesen, Vorlesen und Unterhaltungsspiele. Eine genau von ihr geführte Tabelle über die Gewichtszunahme der erholungsbedürftigen Soldaten sollte zeigen, ob das Heim auf der Höhe war. Meine Frau wußte von sich selbst, daß nicht nur das gute Essen in solchen Fällen ausschlaggebend war, sondern auch der gute Ton untereinander und eine ungezwungene Gemütlichkeit. Der Höchstrekord an Zunahme in drei Wochen war mehrmals zweiundzwanzig Pfund!

Immer wieder waren unter den neuen, von der Front

kommenden Heimatlosen, schwierige, unzufriedene, sich leicht zurückgesetzt fühlende oder von Minderwertigkeitskomplexen geplagte Sonderlinge. Sie legten es dann darauf an, meine Frau durch Gespräche in Verlegenheit zu bringen. Andere wieder mit trostlos verlaufenen Kinder- und Jugendjahren kamen aus eigener Not mit ihrer ganzen Verbitterung zum Vorschein. Sie wurden allein nicht fertig damit. Früher erfahrene Ungerechtigkeiten, die Unmöglichkeit, an einen solches zulassenden Gott zu glauben oder auch nur an die Existenz eines selbstlosen, liebevollen Menschen zu denken, gaben die Veranlassung, ihr soviel Enttäuschungen, Bitterkeit, Haß und zynische Reden vorzuhalten, bis sie diesen bei ihrer Jugend und ihrer eigenen, ganz anderen Erziehung unmöglich gewachsen sein konnte. Vieles, was sie zu hören bekam, war Neuland für sie. Wenn dann der spät gewordene Abend solche Aussprachen beendet hatte, lag sie stundenlang grübelnd wach. Aber nie gab sie auf. Sie fühlte, daß die rückhaltlos hervorsprudelnde Verbitterung und Lebensenttäuschung, wenn auch noch keine direkte Hilfe bedeutete, so doch eine Erleichterung für den armen Einsamen.

In jener Zeit, in der wir — zwar nur 40 Kilometer voneinander getrennt — uns nur selten sahen, hätte sie bei den vielen Männern meine Hilfe brauchen können. So manches wäre ihr erleichtert worden. Aber es gelang ihr auf die Dauer auch so!

In den Zeiten des Stellungskrieges an der Ostfront kam Exzellenz von Scholtz öfters nach Owanta, um ein paar Stunden auszuspannen. Seine Besuche wirkten nie bedrückend. Sie bedeuteten für alle eine Freude, besonders für meine Frau und auch für mich. Deutlich sehe ich noch den Wagen mit den zwei hübschen Schimmeln vor dem Hause in Owanta um den grünen Rasenplatz fahren, ringsum die großen, blühenden Fliederbüsche, und auf Exzellenz von Scholtz warten. Kam er dann in seinem immer offenen Auto mit zwei Fahrern vorne und Major Bitthorn als Begleiter, so ging meine Frau ihm entgegen. Sie standen noch ein Weilchen auf dem Rasen, sprachen über den Gang des Heims und stiegen dann in den Pferdewagen. War ich dabei, saß ich ihnen gegenüber auf dem Rücksitz, Bitthorn sprach mit dem Heimunteroffizier oder den Urlaubern und fuhr nach Uziany zurück. Gegen Abend kam das Auto und holte den Oberbefehlshaber ab. Waren wir aus dem Park hinausgefahren in das schöne, abwechslungsreiche Land, durch Felder, Wiesen, kleine und große Waldstücke, ergab sich von selbst eine freie Unterhaltung. Exzellenz von Scholtz liebte und kannte die Natur. Die hellen Rufe der Kolkraben ertönten hoch über den Wäldern, in denen die Horstbäume standen. Birkwild, aufgebaumt auf noch zartgrünen Birken-Jugenden, ließ unseren Wagen nahe heran und flog erst dann geräuschvoll ab. Über den Feldern stiegen singend die Lerchen empor und

in den Uferbüschen an der Wirinta schlugen überall die Nachtigallen des Ostens, die Sprosser. Hoch über allem zogen oder kreisten Bussard, Hühnerhabicht, Wanderfalke und zeigten ihre Flugbilder.
Im tiefen Schnee der kalten Winter, dann aber im Schlitten ohne Glocken, wurden die Fährten von Fuchs und Wolf im verschneiten Wald oder die Spur eines Otters nahe der Wirinta zur bleibenden Erinnerung.
Auch die Fische interessierten Exzellenz von Scholtz. Er aß sie gern und ließ sich von meinen Fängen erzählen. Der Speer war mein bestes Gerät in jener Zeit. Ich brauchte nur einen Mann, der in stillen Nächten vorsichtig und ohne Geräusch das Boot mit einer Stakstange langsam vorwärts zu treiben verstand. Bäckermeister Reipa konnte das vorzüglich. Wir wechselten einander ab, stehend in der vorderen Bootspitze über dem hellen, nach oben abgeschirmten Licht einer Spiritus-Glühlichtlampe, den Speer in den Händen. Urwüchsig waren die Ufer der Gewässer, Flüsse und Seen, kristallklar, gesund und voll guter Fische.
Immer besser hatte sich alles im Owantaer Soldatenheim eingelaufen. Eine nette Hilfsschwester war zur Entlastung meiner Frau in das Heim gekommen. Fast eineinhalb Jahre waren vergangen, das Soldatenheim in Owanta war zu einem bewährten Teilbetrieb des Armeeoberkommandos geworden. Eine höhere Instanz des Roten Kreuzes sagte sich an. Diese erfahrene Dame wollte Einblick in die Führung des Heims be-

kommen. Nach der Besichtigung gab sie ihrer Verwunderung Ausdruck, daß meine Frau sich trotz ihrer Jugend und ohne Dienstkleidung bei den Urlaubern so gut durchzusetzen vermochte und doch den offenen, fröhlichen Ton halten konnte. Bald darauf ging beim AOK Scholtz eine Rote-Kreuz-Medaille für meine Frau ein, fand aber wenig Gegenliebe.

„Ich arbeite doch nicht für Orden."

Der Sommer in Owanta mit beständigem, sonnigem Wetter, klarer Sicht und den nordöstlich-hellen Nächten um Johanni erinnerte immer wieder an Ostpreußen. Ein Ende des Krieges war nicht abzusehen. In Frankreich ging es nicht vorwärts, in Rußland war — bedingt durch die Revolution — unblutiger Stellungskrieg. Verhandlungen wurden geführt mit Trotzki, der dazu mehrfach unseren Armeebereich mit der Bahn durchfahren mußte.

Der Herbst mit den im östlichen Klima klaren Tagen war vorbei. Der Winter brachte viel Schnee und starke Kälte. Als der Vorfrühling die erste Schneeschmelze eingeleitet hatte, rief meine Frau mich telefonisch an und sagte, daß sie sich nicht gesund fühle. Fieber und Kopfschmerzen! Nach Uziany wollte sie nicht kommen, weil in drei Tagen wieder die Ablösung der Urlauber stattfand: die alten gingen zur Front zurück, und die neuen kamen ins Heim. Dieser Wechsel sollte nicht ohne sie stattfinden. Sie hoffte, daß ihr bis dahin besser sein würde und wollte keine Unruhe machen.

Aber es wurde nicht besser. Sie kam mit hohem Fieber den langen Weg mit den beiden Schimmeln im offenen Schlitten vor mein Panjehäuschen gefahren. Unterwegs hatte sie bald angefangen zu frieren und in Skemjany bei dem polnischen katholischen Pfarrer vorgesprochen, den wir als lieben, freundlichen Menschen kennengelernt hatten. Er tat für ihr Wohlbefinden alles, was möglich war, und bot ihr den letzten Rest in seiner Cognacflasche mit den Worten an: „Sehr gut zu vernichten dieses". Er packte sie warm und sorgsam in dem offenen Schlitten ein.

Ich bat unseren klugen und freundlichen Stabsarzt, Dr. Schicke, vom AOK zu uns. Er konnte nichts finden, was das Fieber rechtfertigte, nahm eine Blutprobe und sprach — im Gegensatz zu seinem sonstigen Wesen — nur wenig. Am nächsten Tag kam er in seiner alten, munteren Art wieder, sagte indes kein Wort über die Krankheit. Das war nichts für meine Frau.

„Herr Doktor, ich will wissen, was mir fehlt, sagen Sie es ganz offen." — Die Art, in der sie diese Worte vorbrachte und der Ausdruck ihrer Augen überzeugten Dr. Schicke, daß es hier richtig sei, die Wahrheit zu sagen.

„Fleckfieber, Flecktyphus", sagte er. „Sie haben sich in den Panjehäusern, wo Sie Eier und anderes für Ihre Leute kaufen, diese Krankheit geholt. Sie sind von einer Fleckfieberlaus gestochen worden."

„Ist das für meinen Mann gefährlich?"

„Nur, wenn er auch von einer solchen Laus gebissen wird. Aber die Ihrige wird nicht mehr bei Ihnen sein."
„Was muß nun geschehen?" fragte sie weiter.
„Als erstes muß ich dem Grafen Schwerin melden, daß Sie diese Krankheit haben. Er wird sagen, was zu geschehen hat."
Graf Schwerin entschied sich nicht für das Seuchenlazarett, sondern so, wie es für uns gut war.
Mein kleines Haus kam unter Quarantäne, ebenso ich als verdächtig oder schon angesteckt. Ich könnte, wenn ich mir das zutraute, meine Frau pflegen. Dr. Schicke würde nach uns sehen und Graf Schwerin sich an unserem Fenster nach dem weiteren Verlauf erkundigen. Meine Frau sollte sich keine Gedanken um Owanta machen. Das würde weiterlaufen, bis sie wieder dort wäre.
Wir mußten uns in unser Schicksal fügen, was meine Frau bei hohem Fieber und großer Mattigkeit auch ohne weiteres tat. Ich empfand tiefe Dankbarkeit gegen Graf Schwerin. Als ich Dr. Schicke vor die Tür begleitet hatte, bat ich ihn, mir offen zu sagen, wie er die Krankheit ansähe.
„Wir haben mehr Fleckfieberkranke im Revier. Es gibt noch kein Mittel gegen diese Krankheit. Sie ist sehr ernst zu nehmen. Die hiesigen Menschen überstehen sie zu einem Teil, weil diese Krankheit hier schon immer war und sich die tödliche Wirkung allmählich etwas abgeschwächt hat. Unsere erkrankten Soldaten

aber starben bisher alle. Ihre Frau hat ein sehr gesundes Herz, darauf müssen wir bauen."

So ernst diese Auskunft war, in meinem Innern blieb die Zuversicht: Gott ist bei uns und ich bleibe bei ihr, kann sie pflegen, meine ganze Zeit und Sorgfalt für sie einsetzen! Gott ist die Liebe, Allmacht und Vollkommenheit und nicht auf Härten und Strafen angewiesen, um die Menschen zu läutern. Damals sah ich das noch nicht so deutlich wie heute. Immer bin ich ein Gefühlsmensch gewesen und mein Gefühl gab mir Ruhe.

Was meine Frau in jenen Fieberwochen für sich sprach, war immer in Versen. Sie sagte ihre Worte ganz langsam, als läge ihr daran, zu überzeugen. Ich hatte alles mitgeschrieben. Es waren Verse, die in wunderbarer Weise ihren Seelenzustand und ihre ganze Art wiedergaben. Mit Guja sind sie dann alle, als zu meinen kostbarsten Dingen gehörend, im nächsten Krieg untergegangen.

Das Fieber stieg, hielt lange an und blieb hoch. Die größte Gefahr bestand darin, daß die Temperatur plötzlich stark fiel und das Herz diesen Wechsel nicht aushalten konnte. Sie aß kaum etwas, meist war sie bewußtlos.

Eine Schwermut früherer Jahre, um deretwillen auch meine Mutter auf das Verlassen von Guja und ihr Hinausgehen ins Feld gedrungen hatte, war wiedergekommen. Manchmal konnte ich mich mit ihr unter-

halten, als wenn sie bei Bewußtsein wäre; sie war es aber nicht.
Als das hohe Fieber nicht plötzlich, wie üblich, sondern langsam zum Fallen kam, sprach sie weiter, aber schon bei halbem Bewußtsein. Es dauerte sehr lange, bis sie ganz frei davon wurde. Ihr Aussehen zeigte deutlich, was sie hinter sich hatte. Ernste Schäden waren aber nicht eingetreten. Graf Schwerin, der sich während der Krankheit oft mit mir durch das offene Fenster unterhalten hatte, schickte sie für drei Wochen zu meinen Eltern. Ich konnte nicht weg. Sie fuhr mit der Bahn und mußte in Wilna übernachten. Das erschien mir für sie nicht sicher genug. Ich gab ihr Reipa mit. Er war absolut zuverlässig und klug. Als ihm ihre Unterkunft in Wilna nicht ganz zusagte, schlief er die Nacht vor ihrer Türe auf dem Fußboden. Wußte ich sie nur erst in Launingken bei meinen Eltern, dann war sie geborgen!
Noch vor ihrer Abfahrt erfuhren wir den Tod des menschenfreundlichen Pfarrers in Skemjany an Fleckfieber, der sie bei der scharfen Kälte auf der Fahrt nach Uziany so gut eingepackt hatte. Sie sah mich mit ihrem schmal gewordenen Gesichtchen und den großen Augen traurig an.
„Ob ich ihn angesteckt habe?"
„Das glaube ich nicht, er besuchte ja ganz unbekümmert alle seine Kranken."
Für mich begann wieder mein alter Dienst beim Ober-

kommando mit der Freude, daß alle, die mir unterstanden auch ohne mich genau so zuverlässig weitergearbeitet hatten. Das Gleiche galt auch für Owanta. Nach ihrem Urlaub kehrte meine Frau gesund zurück. Wir wußten damals nicht, daß nur noch ein Jahr in Uziany und Owanta vor uns lag und auch so manche Änderung eintreten würde. Exzellenz von Scholtz und Graf Schwerin erhielten eine Armee in der Türkei. Ihre Nachfolger änderten nichts an unseren Stellungen. Das Leben in Owanta ging in alter Weise weiter. Nach einem dreiviertel Jahr mußte für mich ein Reklamationsgesuch wegen Erkrankung meiner beiden Eltern eingereicht werden. Es wurde genehmigt. Vorher aber sollte ich noch mit dem zurückgekehrten Adjutanten von Exzellenz von Scholtz, Rittmeister Köstring, in Dünaburg für das AOK Quartier machen. Dieser Auftrag wurde dort durch die Revolution bei den Russen etwas Besonderes. Köstring war die rechte Persönlichkeit, ihn auszuführen. Sein fließendes Russisch, wie auch die Kenntnis der russischen Mentalität — er war in der Nähe von Moskau geboren und dort aufgewachsen — ergaben die besten Vorbedingungen.
In Rußland war seit Jahren Revolution. Gekämpft wurde nicht mehr. Aber das russische Militär hatte seine Waffen behalten. Ich gebe hier nur meine eigenen Eindrücke aus der Stadt Dünaburg wieder. Wie es sonst in dem großen Rußland aussah, weiß ich nicht. Sehr bald merkten wir, daß in Privathäusern keine ge-

eigneten Quartiere zu finden waren. Nur große, öffentliche Gebäude kamen dafür in Frage. Diese waren aber von revolutionären, russischen Militärformationen belegt. In ihren zu den Straßen offenen Türen standen schußbereite, auf die Straße gerichtete Maschinengewehre mit Posten daneben. Im Innern waren die großen Häuser zu Kasernen umgewandelt, voll einzelner und übereinander stehender Betten. Auf ihnen saßen und lagen die Soldaten, fast jeder mit einem Mädchen, die Waffen hatten sie an die Bettgestelle gehängt und genossen die Früchte der Revolution.
Wir hatten uns das an vielen verschiedenen Stellen angesehen. Eine andere Möglichkeit für die Unterbringung des AOK gab es nicht. Quartiere aber mußten sein! Also gingen wir in das nächste vollbesetzte Haus hinein. Auf Köstrings Gesicht stand immer ein wohlwollendes Lächeln und ich machte es ebenso. Wir begegneten keinen bösen Blicken. Auch als Köstring in russisch klar machte, daß wir die Häuser für einen hohen deutschen Militärstab brauchten, blieb alles ruhig und freundlich. Für den nächsten Tag wurde eine Zeit vereinbart, bis zu der das Haus geräumt und sauber übergeben werden sollte. Wir brauchten viele der großen Häuser für das AOK. Die Russen zeigten sich überall willig und zugänglich. Man mußte ihnen nur ruhig auseinandersetzen, was verlangt wurde, dann taten sie es. Das Quartiermachen nahm mehrere Tage in Anspruch und verlief reibungslos.

Schon einmal, noch während der Kämpfe vor der Einnahme von Kowno, hatten Köstring und ich in einem Dorfe an verschiedenen Stellen versteckte Russen in voller Bewaffnung getroffen. Sie ließen sich von uns gefangennehmen. Da wir aber beide allein waren, konnten wir ihnen ihre Gewehre und was sie sonst an Waffen trugen, nicht abnehmen. Köstring ließ sie deshalb vor uns hergehen und dirigierte sie in ein Schulgebäude. Es waren vierzehn Mann. Dort sagte er ihnen, daß sie Gefangene seien und ihre Waffen abgeben müßten. Sie gingen sofort daran, die Gewehre zu entladen, zusammenzustellen, die Seitengewehre abzuschnallen und dazuzulegen. Dann traten sie zögernd auf uns zu, erzählten, daß sie alle Bauern, in der nahen Umgebung zu Hause wären und für den Rest des Tages und für die Nacht Urlaub zu ihren Familien erbäten. Köstring meinte:

„Wir wollen sie gehen lassen. Sie haben gute Gesichter und werden ihr Wort halten."

„Geht nach Hause! Morgen früh um acht Uhr müßt ihr wieder hier sein. Und jetzt laßt euch von keinem sehen, sonst bekommt ihr Strafen!"

Ihre Gesichter spiegelten die Dankbarkeit besser wider als es Worte konnten. Auf die Minute pünktlich waren sie am nächsten Tage vollzählig in der Schule. Rittmeister Köstring traf in schwierigen Situationen immer das Richtige. Er war ein Menschenkenner und hatte außerdem ein gutes Herz. Wir sind viel in jenen

Jahren zusammen gewesen: in Uziany und ab und zu in Owanta. Mit meiner Frau verstand er sich besonders gut.

Mit dem weiteren Vormarsch nach Rußland hinein hörte das schöne Owanta für alle Beteiligten auf. Meiner Frau wurde der Abschied schwer. In der langen Kriegszeit hatte auf Owanta den dort arbeitenden Menschen, einschließlich der Polen und der erholungsbedürftigen Soldaten, ein freundlicher Stern geschienen — friedliche Jahre trotz Krieg und Fleckfieber. Das schöne Erdenfleckchen in abgelegener Stille hatte seinen guten Zweck erfüllt. Wir liebten dieses Land mit seiner einfachen, freundlichen Bevölkerung, der schönen Natur, zu der auch Uziany, die Flüsse, Seen und Wälder gehörten, sowie alles, was wir dort erlebt hatten.

Eines aber wünschte sich meine Frau noch:

„Ich habe hier jahrelang vor Dünaburg gelegen. Nun möchte ich es auch sehen", sagte sie zu Rittmeister Köstring und mir. Er war sofort bereit dazu.

„Wir sind mit dem Quartiermachen noch nicht fertig, morgen nehmen wir Sie mit."

So sah sie Dünaburg im allerersten Vorfrühling, teils noch im Schnee, mit der breiten Düna, dem beginnenden Eisgang und dem trotz Krieg und Revolution friedlichen Leben und Treiben der Einwohner und der zum Markt kommenden Bauern mit ihren hohen weißen Pelzmützen, dicken Jacken und langen Filzstiefeln.

Owanta war ein Lebensabschnitt für uns geworden. Wir haben es nie wiedergesehen, aber auch nie vergessen. Immer hat die Erinnerung daran in uns gelebt und wird es weiter tun. Es war eine begnadete Zeit während des Weltkrieges. Der klangvolle, so gut passende Name „Owanta" begleitete uns aber weiter in unserem Leben, wenn auch seltener werdend, als wir es uns wünschten.

Als 1921, zwei Jahre nach der Geburt unseres Sohnes Harro, unsere Tochter in Guja geboren und getauft wurde, erhielt sie auf Wunsch meiner Frau die Namen Gisela-Owanta und wird mit dem zweiten gerufen. Sehr weit ist sie in die Welt hinausgegangen, auf die Bahama-Inseln, südlich von Florida, wo sie sich mit ihrem Manne als Arzt und ihren drei Kindern durch unermüdliche, aufopfernde und sehr geschickte Arbeit viel Liebe bei Schwarz und Weiß erworben hat.

Hindenburg — Ludendorff — der Kaiser

Ich möchte noch zwei persönliche Erlebnisse von Uziany aus in Kowno und in Radziwilischki festhalten, bevor es für uns im Vorfrühling 1918 zu dem letzten Quartierwechsel nach Guja und Launingken kam. Sie lassen neben manchem anderen die völlig andere Kriegsführung Hitlers in Rußland erkennen.

Im Winter 1915/16 wurde ich unerwartet nach Kowno in die Villa Tillmanns, dem Quartier von Oberost, zu Feldmarschall von Hindenburg und General Ludendorff befohlen. Graf Schwerin teilte mir diesen Befehl mit und schloß mit den Worten: „Ich freue mich, daß der Feldmarschall an Sie gedacht hat. Dieser Besuch wird Ihnen in Erinnerung bleiben."
Hindenburg war der Befreier unserer Heimatprovinz. Das lebte im Volk und auch in mir. Nun sollte ihm ein äußerer Dank in Gestalt einer bronzenen Elchgruppe überreicht werden. In Deutschland besaß nur noch unsere Heimat dieses starke, aus grauer Vorzeit stammende Wild. Oberpräsident von Batotcki, Königsberg, Landeshauptmann von Berg, Markienen,

und mein Vater als Vorsitzender des Provinzialausschusses waren ausersehen, das Geschenk in Kowno zu überreichen. Feldmarschall von Hindenburg hatte sich daran erinnert, daß ich während der Schlachten bei Tannenberg, Guja, der Verfolgung der Russen an den Masurischen Seen und auch jetzt in seinem Armeebereich sein mußte. Von ihm stammte der Befehl, mich nach Kowno zu Oberost zu schicken. Schon am nächsten Tage brachte mich ein Wagen des Oberkommandos rechtzeitig dort hin.

Ich war voll ungetrübter Freude, meinen Vater wiederzusehen. Unsere ersten beiden Zusammentreffen hatten unter ernsteren Umständen stattgefunden: das erste Mal auf der Chaussee zwischen Launingken und Angerburg, als ich ihn unmittelbar nach dem Freiwerden von den Russen zufällig dort traf und nicht erkannte, weil er sich so verändert hatte; das zweite Mal war es in Launingken bei der Abschätzung von Kriegsschäden, durch die uns klar wurde, wie gewaltig die Zerstörungen waren, die Zeiten des Wiedergutmachens aber noch in weiter Ferne lagen.

Den beiden höchsten Vorgesetzten gegenüber empfand ich keine Beunruhigung. Meine Dienst- und Übungszeiten in Schwedt a. d. Oder bei den 2. Dragonern unter dem Grafen Yorck von Wartenburg lagen nicht weit zurück.

In der Vorfreude auf das Wiedersehen, von meiner Mutter zu hören, von Launingken und Guja, wurde ich in dem hochrädrigen, auf grundlose Wege und tiefen Schnee eingerichteten Auto nach Kowno gebracht. Die beiden anderen Herren und mein Vater waren schon da. Eine Ordonnanz führte mich in sein Zimmer. Es war ein schönes, uns beide froh machendes Wiedersehen. Mein Vater, das fühlte ich, richtete sich an meinem unbeschwerten Wesen auf. Das gab mir wieder Mut im Gedanken an den unabsehbaren Krieg. Uns wurde genug Zeit gelassen, in Ruhe miteinander zu sprechen, was meinem Vater sehr lieb war. Auch erfuhr ich, daß Launingken und Guja gute russische Kriegsgefangene bekommen hätten, willig, geschickt und dankbar für jede freundliche Behandlung. Durch sie ließen sich viele Arbeiten ausführen, zu denen es während des Krieges sonst nicht gekommen wäre.

Als wir zum Essen gebeten wurden, waren Hindenburg und zwei Adjutanten schon im Eßzimmer. Ich meldete mich beim Feldmarschall. Menschenfreundlichkeit und Güte, die aus Blick und Mienen sprachen, dazu die väterlich tiefe Stimme, bestätigten, was meine Mutter — die Hindenburg von früher kannte — von ihm erzählt hatte.

Wir standen um den Eßtisch, die Suppe war schon in den Tellern. Ich zählte mit den Augen die Gedecke. Neben mir, an meiner rechten Seite war eines frei. Es konnte nur für Ludendorff sein, der indes nicht zu sehen war. Also er, der große, zum Teil gefürchtete Feldherr, sollte mein Tischnachbar sein? Immer noch gab Hindenburg kein Zeichen, sich zu setzen, und hielt die Unterhaltung mit den drei Herren in Fluß. Irgend etwas mußte nicht stimmen. Da trat Herr von Berg von seinem Stuhl zurück, ging durch eine nur angelehnte Tür nicht weit von mir, ohne sie hinter sich zu schließen. Deutlich vernahm ich die laut geflüsterten, aber unverkennbar ungehaltenen Worte des Herrn von Berg:

„Nun kommen Sie aber endlich zum Vorschein. Das ist ja ein ganz unmögliches Verhalten von Ihnen!"

Dann ging die Tür weit auf und der Landeshauptmann trat, gefolgt von General Ludendorff, ein. Niemand ließ sich etwas merken, auch Hindenburg sprach weiter in seiner ruhig heiteren Art.

Später, nach dem Essen, als ich vor der Abfahrt noch bei meinem Vater war, erfuhr ich den wahren Sachverhalt. Ihn hier im einzelnen wiederzugeben, fühle ich mich nicht berechtigt. Auch große, hochstehende Persönlichkeiten können Fehler machen und Schwächen haben. Herr von Berg hatte sich seine unmißverständlichen Worte leisten können, weil Ludendorff (etwa gleich alt mit ihm) oft seine Kadettenferien in Markienen auf dem Berg'schen Gut verlebt hatte. Eine Entgleisung des großen Heerführers lag vor, aber wiedergeben will ich sie nicht. Auch Hindenburg hatte sich seine gute Stimmung nicht trüben lassen. Zu weiteren Beobachtungen blieb mir keine Zeit. Ich saß wirklich neben Ludendorff und war gezwungen, scharf aufzupassen, weil er sofort eine eingehende Frage-und-Antwort-Unterhaltung mit mir begann. Dabei sah er mir so nahe und scharf in die Augen, daß mir nichts anderes übrig blieb, als es selbst auch so zu machen. Noch heute — nach zweiundfünfzig Jahren — fühle ich diesen Blick: weder einschüchternd noch kalt, drang er dennoch durch und durch. Mir war klar — er sieht alles und weiß alles von dem, den er so anblickt.

Ohne vorher von der folgenden Unterhaltung mit ihm etwas geahnt zu haben, konnte ich frei und eingehend auf seine vielen Fragen antworten. Es ging um die Stimmung bei den Truppen, um den Nachschub, das Sattwerden und die Zufriedenheit, aber nicht im großen und ganzen, sondern bis in Einzelheiten hinein, wobei in Verpflegungsfragen die Marmelade eine besondere Rolle spielte.

Ab und zu konnte ich während des Gesprächs einen Blick zu meinem Vater quer über den Tisch werfen. Er saß rechts von Hindenburg in reger Unterhaltung mit ihm. Wenn unsere Blicke sich trafen, las ich in den seinen: „Es glückt dir ja gut mit deinem großen Nachbarn."

Als ich am Abend mit meinen beiden freundlichen Fahrern im offenen Auto durch die herrliche Luft der russisch-litauischen Landschaft nach Uziany zurückfuhr, sah ich die sprechenden Blicke meines Vaters immer noch vor mir, die Augen Ludendorffs und die ruhige

Überlegenheit Hindenburgs. Graf Schwerin hatte recht gehabt: Diese Stunden in der Villa Tillmanns sind mir, der ich heute der letzte Überlebende bin, lebendig in Erinnerung geblieben.

Es war nicht die einzige Gelegenheit, mit Hindenburg und Ludendorff zusammen zu sein. Etwa ein Jahr später kam Kaiser Wilhelm II. auf der Fahrt zu unseren drei nördlichen Armeen an die russische Front. Bei dem Besuch in unserem AOK sollte der Kaiserzug in Radziwilischki, einem russischen Bahnknotenpunkt mit nur kleinem Bahnhofsgebäude, halten. Der persönliche Adjutant von Scholtz, Rittmeister Köstring, war mit einem Auftrag nach der Türkei abkommandiert worden und ich mußte ihn vertreten.

Frühzeitig standen wir in Radziwilischki mit unserem Extrazug ein kurzes Stück vom Bahnhof entfernt auf einem Nebengleis. Als sich die Ankunft des Kaisers verzögerte und Scholtz unruhig wurde, lief ich, um Auskunft zu erhalten, längs den Schienen zum Bahnhofsgebäude. Dort bot sich mir ein seltsamer Anblick, bezeichnend für den ersten Weltkrieg und im scharfen Gegensatz zu dem zweiten unter Hitler. Das Bahnhofsgebäude war schwarz umgeben von Menschen. Von dem deutschen Eisenbahnpersonal erfuhr ich, daß die vielen „Panjes“ aus der Umgebung zusammengekommen waren, um den deutschen Kaiser zu sehen. Der Tag war kalt. Alle hatten dunkle Mäntel an und für den Kaiser ihr bestes Zeug gewählt. Sie standen kaum mehr als sechs bis acht Meter von den Schienen entfernt, auf denen der Kaiserzug einfahren sollte. Keine Absperrung! Keine Polizei! Keine SS oder SD. Keine Aufregung! Keine Angst! Einfach ein interessantes, niemanden niederdrückendes Ereignis! Was stand uns dagegen im nächsten Krieg bevor! Scheu, Angst, Verzweiflung, wenn Hitlers Schergen unschuldiges Volk vor sich hertrieben, um im großen Stil zu töten!

Der Kaiserzug mußte bald einlaufen. Ich eilte, um es Scholtz zu melden. Einfach und bescheiden wie immer, stieg er aus und ging zu Fuß dem Kaiser entgegen.

Als wir auf dem Bahnsteig standen, Scholtz und Graf Schwerin sich über die zutrauliche polnisch-litauisch-russische Zuschauermenge freuten, lief der Zug neben unserem Bahnsteig ein. Der Kaiser selbst stand dicht am Fenster seines Wagens, lächelte und winkte hinaus. Die Besprechung und ein Vortrag von Scholtz fanden im Speisewagen statt. Als er zur Begrüßung auf den Kaiser zutrat, rief ihm dieser entgegen:

„Scholtz, wie machen Sie das, immer noch kein einziges graues Haar?!"

Scholtz, der Junggeselle war, antwortete darauf nur: „Stiebelwichse, Majestät!"

Inzwischen hatten auch Hindenburg und Ludendorff den Wagen betreten. Sie begleiteten den Kaiser auf der ganzen Fahrt durch ihren Bereich Oberost. Nach der gegenseitigen Begrüßung wollte Scholtz mit seinem

Vortrag beginnen, zögerte aber noch. Wieder, wie damals in Kowno, fehlte eine wichtige Persönlichkeit, diesmal General von Falckenhain, der Chef der Obersten Heeresleitung. Damals ging schon das Gerücht, daß er seine Stellung an Hindenburg abgeben würde. Ich habe ihn an jenem Tage nur ganz kurz vor Abfahrt des Zuges auf dem Bahnsteig gesehen. Im Kaiserzug war er nicht erschienen.

Als der dienstliche Teil vorüber war, gab es eine Biertafel, von zwei Adjutanten arrangiert.

„Setzen Sie sich nur", sagte der eine zu mir, „vorzustellen brauchen wir Sie nicht, seine Majestät kennt jeden Offizier seines Heeres."

Das vereinfachte die Sache, wenn ich auch den Nachsatz nicht für bare Münze nahm. Niemals habe ich die Neigung verspürt, mit hochgestellten Menschen bekannt zu werden. Es war weder Ablehnung, noch Überheblichkeit. Ich wollte und brauchte einfach nichts von ihnen. In meinem Herzen lebte mein gutes Land, meine Eltern und die vielen Menschen, auf die ich mich verlassen konnte und an denen ich hing. Damit war ich zufrieden. Als meinem Vater der Grafentitel angeboten wurde, bat er, ihn ablehnen zu dürfen, was man auch verstand.

Das Fernbleiben von Falckenhain schien dem Kaiser mit Recht die Stimmung verdorben zu haben. Das war verständlich; der Westen mit Verdun machte schwere Sorgen. Er saß still an einem der kleinen Tische am

Fenster. Als ich mir nach dem Vortrag einen Platz gesucht hatte, von dem Hindenburg zu sehen war, war der Kaiser auf mich aufmerksam geworden, folgte mir mit den Augen und sagte etwas abwesend, aber freundlich: „Stoßen Sie mir nur nicht die Decke meines Speisewagens durch!"
Mein Militärmaß betrug 196 cm. Dann sah er vor sich hin und schwieg. Was mag noch an Sorgen außer dem Verhalten von Falckenhain auf ihm gelegen haben? Bestimmt sehr viel mehr als Durchschnittsmenschen zu ertragen imstande sind. Hindenburg wird das besser gewußt haben als ich. Jedenfalls übernahm er wieder die Unterhaltung. Er saß nicht weit von Wilhelm II. und erzählte so nette und immer mehr in das Heitere übergehende Erlebnisse, die der Kaiser hören mußte und auch hörte. Er sah auf, lächelte und beteiligte sich an Hindenburgs Erzählungen. Lange dauerte die Biertafel nicht. Der Kaiser und seine Begleitung wollten zur Armee Eichhorn.

Der Krieg 1914/18 geht verloren

Wir sind wieder in Launingken und Guja auf unserem guten Land. Es ist der 1. April 1918, unser Hochzeitstag. Seit Jahren stehe ich wieder am Ufer des Friedrichsfelder Sees. Er ist weder die einzige, noch die größte Schönheit von Launingken und Guja. Es zog mich zu ihm, wo mir seit früher Jugend besondere Erinnerungen geblieben waren. Kreisrund, geschützt nach Norden durch den hochgelegenen Hof des Vorwerks Friedrichsfelde, ist er umgeben von einem Kranz hoher Weidenbüsche. Nur an zwei Stellen bestehen Durchblicke auf die ihn umgebenden Wiesen. Wir lassen unsere Augen wandern über das wellige Land, den Hügel mit den Hofgebäuden, die Wohnungen der Arbeiterfamilien, die Eichenkronen über den Dächern, den entfernten, von alten Linden umgebenen Friedhof und im Südosten die nach Launingken führende Allee aus gewaltigen Linden und Weiden. Vor dem Krieg hatte ich das alles nicht so stark erfaßt. Ich war jünger, wußte nichts von Verlusten und Gefahren. Alles war so sicher gefügt und man selbst von den Eltern und jener Zeit behütet. Das war jetzt anders geworden, das Gefühl sicherer Geborgenheit gab es nicht mehr. Ausgang und Ende des Krieges waren ungewiß. Wohl fühlte ich durch den Zauber der Heimat Zuversicht und kam gar nicht darauf, an einen möglichen Verlust zu denken. Aber, es war noch anderes da, was niederdrückte: der immer näher kommende Tod im Elternhaus und das Voraussehen meines Vaters, daß der Krieg verloren würde.

An jenem ersten April hatte ich meiner Frau nur die eine der vielen Schönheiten unseres guten Landes gezeigt. Es waren noch viele da, jede in ihrer Art etwas Besonderes: Launingken, das Hauptgut mit der klaren Angerapp, ihre Vereinigung mit der Goldap am Vorwerk Wiesenhof, Eszergallen, das Gut der Pferde, Schecken und dreier Jahrgänge zu fünfzig Remonten, Neu-Eszergallen mit den Weideflächen und der guten Ziegelei, Ilmen und Neusorge jenseits des Launingker Waldes, Marienwalde, mein Geburtsort, als die Großeltern noch in Launingken wohnten, Nonnenberg, früher Wald, dann von der Nonne kahlgefressen und zu Ackerland geworden mit noch vielen alten, die Nonnenplage überlebenden Laubbäumen auf Hügeln in den Feldern, der Launingker geschonte Wald und dann achtzehn Kilometer Landweg entfernt Guja mit seinem See und den sieben Inseln, Neu-Guja mit der hochgelegenen Windmühle, der damals schon zweihundertfünfzig Jahre alte Eichenwald, die hohen Kiefern und Tannen.

In Rußland waren meine Frau und ich von ganz anderen Dingen beansprucht worden. Jetzt aber lautete die dringendste Frage: Wie wird die Zukunft sein für alle diese Schönheiten und das Fortbestehen unseres guten Landes? Nachdem ich in den nächsten Tagen alles sorgfältig in Augenschein genommen hatte, erschien mir die Zerstörung durch den Krieg über Erwarten schwer, besonders bei den Gebäuden. Fünfundvierzig gute Wohnhäuser und Ställe waren niedergebrannt. Der Staat wollte entschädigen, aber noch wußte niemand etwas über die Möglichkeiten dazu. Wenn ich mit den Behörden sprach, gewann ich den Eindruck, daß die Absicht bestand, ausreichend zu entschädigen. Aber noch war Krieg. Ich sagte mir, auch wenn es nichts gibt, werden wir noch imstande sein, uns aus eigener Kraft zu helfen. Der Wald war geschont von Vater und Großvater, die Ziegelei leistungsfähig und die Produktion gut. Der gute Wille unserer Leute und die Anhänglichkeit an ihre und unsere Heimat waren groß — ein mir besondere Zuversicht gebender Umstand.

Die Erträge der Äcker und Wiesen hatten sich verschlechtert, wie es durch die Russeneinfälle und Kriegshandlungen nicht anders sein konnte. Pferde und Vieh waren zu einem großen Teil fortgetrieben. In Guja hatte ich bei meiner ersten Anwesenheit während des Krieges von der dortigen Herde von sechzig Milchkühen und dem Nachwuchs nur ein einziges Kalb vorgefunden, das noch dazu angeschossen war. Es ist ein gewaltiger Unterschied, ob man mit seinem Besitz im Innern des Landes liegt oder hilf- und wehrlos an der Grenze dem hereinbrechenden Feind ausgeliefert wird.

Noch wußte niemand, wie alles ausgehen würde. Ich hatte Vertrauen! Es war wohl die Wiederanwesenheit in der Heimat, die meine Hoffnung stärkte. Was die Ostfront betraf und Rußland, schien für uns leidlich günstig zu sein. Im Westen aber, in Frankreich, war Stillstand. In Verdun bei allerschwersten Verlusten kein Vorwärtskommen und die Kriegsfronten viel zu weit ausgedehnt.

Schon bei Beginn des Krieges waren mir deutsche Redensarten und Schlagworte überheblich und zuwider gewesen! „Jeder Stoß ein Franzos", „Jeder Tritt ein ‚Britt'", „Jeder Klaps ein ‚Japs'" oder „Weihnachten sind wir alle zu Hause"; dann die neugeprägten Münzen mit dem Aufdruck: „Der Kaiser rief und alle, alle kamen!"

Ja, sie kamen! Es blieb ihnen auch gar nichts anderes übrig. Sie taten es auch gern, weil sie den Krieg nicht kannten. Von 1864, 1866, 1870/71 wußten sie nur vom Hörensagen, hatten aber keine Ahnung, wie anders jene Zeiten waren und was es bedeutete, daß Bismarck da war.

Für meinen Vater war es viel schwerer als für mich. 1861 war er geboren. Der beste Teil seines Lebens lag

in den Jahren von 1871 bis 1914, jener langen Friedenszeit, in der die deutsche Industrie aufblühte und Deutschland an Geltung gewann. Das, was sich jetzt vorbereitete, beobachtete er mit großer Sorge.
Für mich war es leichter, meine Rückerinnerungen gingen nicht so weit, an das Patriotische aus der Vergangenheit war ich nicht so gebunden, ich hatte meine Frau und meine gute Arbeit auf unserem guten Land.

Als nach Monaten die Aussicht für deutsche Erfolge an der Westfront um nichts günstiger geworden waren, erhielt mein Vater die Einladung zu einer Herrenhaussitzung in Berlin. Bald kam er zurück. Ich stieg zwischen Guja und Launingken zu ihm in den Zug. Was er erfahren hatte, schien seine ernstesten Erwartungen weit übertroffen zu haben.
„Es gibt jetzt nur noch eine Freude für mich", sagte er, „daß du bei uns bleiben wirst. Sonst ist alles dunkel, ganz dunkel. Der Krieg ist verloren, im Sitzungssaal des Herrenhauses wurde uns gesagt, daß Ludendorff binnen drei Tagen Waffenstillstand verlangt und nichts daran zu ändern sei."
Mein Vater schwieg und ich auch. Ludendorff! So plötzlich. Dann mußte es sehr schlecht stehen. Zugleich fiel mir die Voraussage kurz vor Kriegsbeginn in einem Brief ein, den mir mein Schwager, Hauptmann von Bock und Polach, im Großen Generalstab kurz vor der Mobilmachung geschrieben hatte: „Der Krieg wird lange dauern und verloren gehen." Er hatte recht ge-

habt. Er lag nun schon lange unter der Erde, weil er bei seiner starken Inanspruchnahme geglaubt hatte, sich bei eintretenden Blinddarmschmerzen keine Unterbrechung gönnen zu können.

„Vater, ich kann bei euch bleiben, das bedeutet für mich jetzt das Beste. Ich werde mich einsetzen, so gut ich nur kann. Wir können nichts ändern an der Lage, nur uns an unser gutes Land und unsere treuen Menschen halten. Ich weiß, was dir Deutschland unter Friedrich dem Großen, dem alten Kaiser und Bismarck gewesen ist. In deiner Stube sehe ich in Gedanken die vielen schönen Stiche von Friedrich dem Großen und seinen Generälen an den Wänden. Ich verstehe dich. Aber, verstehe du auch mich. Ich bin so stark nicht daran gebunden, weil ich deine zurückreichenden Erinnerungen an die langen Friedenszeiten und den damit verbundenen Aufstieg Deutschlands nicht so miterlebt habe."

Als die Bremsen des Zuges vor dem Bahnhof Launingken anzogen, begegneten sich unsere Blicke.

„Mit einer solchen Nachricht muß ich nun in unser altes Launingken zurückkehren und Mutters schwaches Herz noch schwerer machen!"

Zurückgeblickt — hatten wir es vor dem Kriege in unserem großen, vielseitigen, wunderschönen Deutschland und dem jahrzehntelangen Frieden sehr gut gehabt. Man lebte ohne Angst und Sorge. Alles schien festgegründet für die Ewigkeit. Die deutsche Arbeit war gut und anerkannt. Das heute noch gebrauchte „Made in Germany" war ein berechtigter Begriff für solide Wertarbeit. Der Beamtenstab jener Zeit versah zuverlässig und mit vollem Einsatz seine Ämter. Aber die langen Friedenszeiten hatten uns zu sicher werden lassen. Unsere Obrigkeit sah zu wenig über die Grenzen hinaus. Man braucht seine Nachbarn nicht mit Mißtrauen zu beobachten, muß aber doch ihre Gesinnung kennen und wissen, wie stark sie sind. Ich war immer ein Landkind und werde es bleiben. Was ich weiß, habe ich aus eigener Anschauung und Erfahrung sowohl im Inland wie auch im Ausland gelernt. Unsere Arbeiterfamilien hatten viele Verwandte im Industriegebiet, in Gelsenkirchen, Duisburg, Essen, Dortmund usw. Ein freies Verhältnis bestand unter uns. Wir tauschten unsere Ansichten aus. Der einfache Mann wird unterschätzt. Er sieht und hört viel mehr als ihm zugetraut wird und zieht richtigere Schlüsse als die Bessergestellten annehmen. Das erklärt sich ganz natürlich. Er ist genau so ein Mensch wie die wohlhabenderen und besitzt ebenso Interessen, Veranlagungen, macht sich Gedanken und zieht seine eigenen Schlüsse auf den verschiedenen Gebieten. Er tut das gern, weil es ihm bei seiner Hände Arbeit in Stadt oder Land, in der Industrie oder im Bergwerk einen Ausgleich bedeutet. Er braucht ihn bewußt und unbewußt, weil er wach und interessiert ist.

Ich hatte dank meiner Eltern noch andere Möglichkeiten, mich umzusehen. Wohl galt es mir als Liebstes und Bestes, zu Hause zu arbeiten und tiefere Einblicke in die Natur zu bekommen, ganz selten aber zog es mich auch in die große Welt. So gaben mir meine Eltern, als es einmal so weit war, Zeit und Geld, im Jahre 1913 von Anfang März bis in den Juni hinein eine weite, nicht vorher festgelegte Reise zu machen. Dabei kam ich von Hamburg über Cuxhaven nach New York, Cuba, Jamaica, San José, Colonne, Panama-Kanal (damals mitten im Bau), Panama am Stillen Ozean, St. Martha, New York, Boston über den Eriesee, Niagara, Detroit, Michigan-See, Chicago, New York und zurück nach Launingken. Ich habe die Fahrt fast ganz allein gemacht und bin meinen Eltern immer wieder dankbar, habe vieles gelernt und mir selbst so manches Urteil bilden können. Einzelheiten führen hier zu weit. Aber über die Notwendigkeit und Richtigkeit des Krieges 1914/18 habe ich gerade auf jener Fahrt ganz und gar anders denken gelernt und später über den Krieg 1939/45 noch viel, viel mehr. Die Welt ist groß und Deutschland klein. Die Schweiz ist noch viel kleiner, aber sie hat ihre schützenden Berge und macht keinen Krieg. Auch die nordischen Staaten sind nicht groß und dünn bevölkert. Ihre Lage aber und die Beschaffenheit ihres Landes helfen sie schützen. Deutschland aber ist angreifbar von allen Seiten, auch als es noch keine Flugzeuge und Bomben gab. In meiner Heimat Ostpreußen lebte im Volk ein

Sprichwort: „Wer zuviel wagt, kommt nach Kortau.“ Kortau war eine Anstalt für Geistesgestörte.

Nie war ich politisch aktiv tätig. Aber nicht aus mangelndem Interesse. An dem Geschehen in unserem Volk war ich immer interessiert; das ist man der Heimat schuldig. Aber meine Ansichten und Grundsätze sind bis heute andere. Ich kann auch dem Wort Bismarcks nicht zustimmen, das Christentum zu Hause lassen zu müssen, wenn er Politik treiben wollte. Was kann stärker sein als die Wahrheit, gepaart mit Klugheit und Liebe zum eigenen und auch den anderen Völkern, auch wenn ihre Politik diesem Grundsatz noch nicht huldigt? Ich gebe zu, daß bei der heutigen politischen Einstellung Jahre vergehen müssen, bevor die Völker einschließlich Deutschland diesen Weg beschreiten wollen und ihren Einstellungen nach können. Aber aufrichtig danach streben müssen alle Völker mit gutem Willen, wenn wir zur Ruhe kommen wollen, wenn unsere schöne Erde nicht ausgeraubt, mißhandelt und verdorben werden soll. Wer könnte das ruhig mit ansehen und überleben, wenn wir trotz aller Weltraumforschung noch keinen Stern gefunden haben, der für uns die notwendigen Lebensbedingungen besitzt? Die Ansicht jenes Fachgelehrten, den ich im Rundfunk sagen hörte: „Wenn wir keinen für uns passenden Stern finden, dann müssen wir eben einen herrichten“, scheint mir verfrüht. Diese Behauptung ist mir vorläufig zu fragwürdig. Aufrichtige und nicht egoistische

Bemühungen um Versöhnung der Völker trotz aller Verschiedenheit wird risikoloser sein, gesünder und viel Geld für notwendige Dinge freimachen.
Ich war gegen Ende jener langen Friedenszeit davon überzeugt, daß in der Mehrzahl unseres Volkes, besonders der oberen Schichten, eine Umstellung unserer Ideale vorgenommen werden müßte. Es ist falsch für uns, nach dem ersten Platz an der Sonne zu streben. Beim rücksichtslosen Drängen nach immer besseren Plätzen und immer mehr Erfolgen verlieren wir die Maßstäbe, erregen Neid, Eifersucht, Mißgunst und schließlich Feindschaft. Auf einem weniger herausfordernden Wege werden wir weniger Feinde haben, mehr Zeit zur Selbstkritik, zum Wachsamsein und werden bewahrt bleiben vor dem aufreibenden „Nie genug".

Hätten wir nur den ersten Krieg vermieden und den zweiten nicht vom Zaune gebrochen! Was wäre der Welt und uns erspart geblieben.
Der plötzliche, unerwartete Waffenstillstand hatte zur Folge, daß ein gleichzeitig eingegangenes Telegramm an mich von dem IIa meines Stellvertretenden Generalkommandos in Königsberg ungültig wurde. Es lautete: „Von sofort abmarschbereit halten für Verdun."
Am letzten Abend des Jahres 1918 saßen meine Frau und ich in unserem hochgelegenen Haus in Guja. Der Winterwind strich um den Hügel und summte in der alten Esche vor unseren Fenstern zum See hin. Es war

kein fröhlicher Silvesterabend. Vom politischen Himmel ließ sich noch nicht ablesen, was die nächste Zeit bringen würde. Gut sah es nicht aus. Würden sich Launingken und Guja nach dem schlecht ausgegangenen Krieg erhalten lassen? Bis jetzt hatte sich noch nicht viel geändert. Auch unsere aus dem Kriege zurückgekehrten Arbeiter waren in ihrer Gesinnung die Alten geblieben.

Ich ging hinaus auf die zum See hin gelegene Terrasse. Nächtlich mattes Schneelicht, über den Wolken mußte der Mond stehen. Der kalte Wind schien den Himmel von Osten her reinfegen zu wollen. Einzelne Sterne wurden sichtbar. In seinen weiten, dunklen Schilfufern, unberührt von den Ereignissen bei den Menschen, lag der See unter Eis und Schnee. In schützendem Bogen umgab unser Wald die schweigenden weißen Felder, Wiesen und Koppeln. Unter mir am Fuße des Hügels gegen den dunklen Wald zog heller Rauch aus den Schornsteinen der Arbeiterwohnungen. Dort saßen die Familien in ihren warmen Stuben. Wir lebten in Frieden miteinander. Wohl waren ungute Gerüchte von weiter her zu uns gedrungen über Streiks und Unzufriedenheit. Aber bei unseren Menschen glaubte ich nicht daran. Der Zauber der Heimat, der mich wieder umgab, ließ die Gedanken mit allem, was kommen würde, fertig werden. Wenn wir nur in ihr bleiben durften!

Am nächsten Morgen ging ich auf den Wirtschaftshof.

Es war noch Nacht draußen, die Luft noch weicher als am Abend vorher, der scharfe Ost war von einem leisen Wehen aus Südwesten abgelöst. Die hellen Fenster der Ställe im grauen Schneelicht leuchteten goldgelb von den Petroleumlaternen. Die Kühe wurden gemolken, die Gespannführer putzten die Pferde. Feiertag war es — Neujahr. Für die Pflege der Tiere gab es keine Feiertage. Die Wärme in den Ställen, das frische Stroh, das milde Licht der Laternen verbreiteten friedliche Behaglichkeit. Das Vieh stand fressend an den Krippen und die Menschen waren munter in der Freude auf den ruhigen freien Tag. Einer der Gespannführer sprach mich an:

„De Tiede sen schlecht! Wat wart nu ware?" „Dat es noch nich to wete. Äwer ganz schlemm, denk eck, kemmt dat nich! Wie welle jo aller dat selwige: Freden, onse Oarbeit on onser Utkoame. Dat wart uns wol ok bliewe!"

Ich ging hinaus über den hochgelegenen Hof zu dem noch höher gelegenen Mühlenberg. Die Windmühle stand nicht mehr, aber ein hohes griechisch-katholisches Kreuz. Es war auf diesem Berg zu Ehren der auf Guja im September 1914 mit aufopfernder Tapferkeit kämpfenden und gefallenen Russen von uns Deutschen gesetzt worden. Darunter lagen in einem großen Grabhügel fünfhundert Tote. Was wir in Ostpreußen Berg nannten, verdiente die Bezeichnung nicht. Und

doch hatte man von dort einen sehr weiten Blick nach den vier Himmelsrichtungen.
Im Westen, kaum tausend Meter entfernt, lag unser Wald. Dahinter, wie ein noch größerer Schutzwall, die nicht mehr uns gehörende, etwa eintausendvierhundert Hektar große Marschallsheide. Im Norden breitete sich der Nordenburger See aus. Mit seinen breiten Rohr- und Verladungsgebieten umfaßte er etwa tausend Hektar. Seine sieben bewaldeten Inseln gaben ihm einen besonderen, geheimnisvollen Reiz. Die runde Insel, auf die der Blick von unserem Hause fiel, war die schönste von ihnen, ein Schmuck für die ganze Landschaft. Wie ein riesengroßer, runder Strauß schien sie auf der blauen Wasserfläche zu schwimmen, umgeben von vielen wilden Schwänen. Noch schöner und eindrucksvoller wurde dieses Bild, wenn die Schwanenscharen fliegend angestrichen kamen, um die Insel schwenkten und das melodische Singen ihrer Flügel bis auf die Terrasse drang. Gingen sie nieder, dann leuchteten die weißen Bugwellen vor ihren Brüsten. Das alte Ordensstädtchen Nordenburg grüßte mit seinen roten Dächern über den See zu unserem Haus. Nach Süden zog sich eine wellige Landschaft bis zu der Masurischen Seenplatte. Nach Osten konnten die Blicke am weitesten schweifen. Dort stieg gerade, als ich auf den Berg kam, die Sonne über den Horizont. Ihr entgegen führte der achtzehn Kilometer weite Weg von Guja nach Launingken an der Angerapp. 1895

hatten meine Eltern diesen Weg, soweit er durch Gujaer Felder führte, beiderseits mit Eichen bepflanzt. Ihre Kronen ließen sich leicht bis zur Grenze verfolgen. Dann verlor er sich in der Landschaft, hin und wieder mit alten Kopfweiden bestanden. In der Ferne sah ich die etwa auf halbem Wege nach Launingken zu liegenden einsamen Waldstücke und dahinter die noch höher gelegenen Hügel der Wetterscheide. Nahe dabei lag versteckt das Dörfchen Gurren mit seinen Strohdächern und der tausendjährigen Linde auf dem kleinen Friedhof. Dort grüßte schon der Launingker Wald herüber, und bald befand man sich auf den Wegen und Feldern unseres guten Landes.
In diese Landschaft war ich hineingeboren. Vor mir saßen hier meine Eltern und Voreltern seit Jahrhunderten. Zweihundert Jahre war Guja immer von der Mutter auf die jüngste Tochter übergegangen. Das weiß ich von meiner Mutter, sie war die letzte in der langen Reihe. Die Plünderungen unseres Hauses 1914 und dann noch einmal — bis auf die letzten Gegenstände — im Januar 1945 sowie im gleichen Jahr das Niederbrennen unseres alten, seit 1742 stehenden Launingker Hauses haben alle Spuren und Nachweise vernichtet. Menschenhände bauen auf, behüten, pflegen mit Liebe; Menschenhände reißen ein, hassen und vernichten. Und doch bleiben Spuren der Liebe noch lange bestehen, reichen hinüber in die Welt des Geistes.

Am Vormittag gingen meine Frau und ich in unseren Wald. Ich brauchte für meine Eisaxt einen festen Stiel. Unser alter Launingker Schmiedemeister hatte mir eine neue geschmiedet. Fast alle meine Fischereigeräte waren durch den Krieg verloren gegangen. Im Walde lag der feine Schnee wie Puderzucker auf den braungrünen Moospolstern der alten Eichen, hing auf den Nadeln der jungen Fichten und beugte leicht die trokkenen Gräser. Zarte, perlmutterhelle Wolken waren über die Sonne gezogen. Lichte Schattenlosigkeit erfüllte den frühwinterlichen Wald.

„Du bist glücklich", sagte meine Frau, „daß Du das Fischen in deinem liebsten Element ausüben kannst. Immer wieder führt es dich hinaus in die Stille der Natur."

„Ja, es ist in der Auswirkung wie für dich das Reiten. Darum wird es Zeit, daß wir uns nach einem Pferd für dich umsehen."

Eine junge Weißbuche, passend für den Stiel der Axt, fand sich leicht. Wir gingen bis zur Mündung des Waldflüßchens an die verschwiegenste unberührte Seebucht, umgeben von Wald, zum Teil durchwachsen von Schilf- und Rohrhorsten. Ich stellte eine Reuse gegen den See. Fische zogen um diese Jahreszeit das Waldflüßchen hinauf zu einem kleinen See am Rande der Marschallsheide. Die Arbeit am Wasser, die sichtbar werdenden kleinen Dinge der Natur, ein Fischotterwechsel, der Wechsel eines Wasserspitzmauspaares in winzigen Ausmaßen am Ufer, grüne Wasserpflanzen wehend in der Strömung über gelbem Sand, vor Frost geschützt durch die hohlliegende Eisdecke ... Niemals ist man umsonst oder allein in der Natur, auch nicht an den kürzesten Tagen im Winter.

Die Folgen

Die Folgen des verlorenen Krieges blieben nicht aus, sie hemmten Pläne und Hoffnungen. Es kam die Inflation mit ihren papiernen Millionen, Milliarden und Billionen. In der Land- und Forstwirtschaft war jene Zeitspanne leichter zu ertragen als in den Städten. Zwar war das Land damals schon viel zu sehr in Abhängigkeit von den Großstädten und Banken geraten, damit aber unter die Lenkung vom naturfernen grünen Tisch. Dennoch milderten die weniger angekränkelten, soliden und erdnahen Ansichten auf dem Lande. In unseren Betrieben ließ es sich zunächst erträglich an.

Launingken und Guja hatten kein bares Kapital und keine Schulden. So konnte uns bei der sich steigernden Inflation keines zerrinnen. Ebenso gab es keine Versuchung, Schulden mit Inflationsgeld zurückzuzahlen. Wir mußten indes sehr darauf achten, die Einnahmen sofort wieder den Betrieben in anderer Form zuzuführen und Gehälter sowie Löhne der fortschreitenden Geldentwertung anzugleichen. Wenn man gegen Ende der Inflation nicht auf dem Posten war, mußten ganz unmögliche Dinge hingenommen werden. Ein Nachbar verkaufte damals zwölf fette Ochsen von der Weide. Durch eine Verhinderung war er nicht in der Lage gewesen, das Geld gleich bei der Übergabe der Tiere in Empfang zu nehmen. Als er den Betrag nach zwei Wochen abholte, erhielt er eine Summe, deren Wert längst überholt war. Das ganze Ochsengeschäft brachte ihm ein Päckchen Zigaretten.

Damals habe ich oft an meine früheren Ritte von Launingken nach Guja gedacht, wenn die dortigen Arbeiter vor dem Kriege ihre Monatslöhnung erhielten. Schwer hing der feste Geldbeutel mit Gold- und Silbermünzen am obersten Sattelring meines Braunen. Lustig klimperten die Münzen, wenn er trabte. Mit solchen Zahlungsmitteln kann man Menschen leicht und reell zufriedenstellen.

Die Inflationszeit machte uns und anderen sehr bald klar, daß wir so rationell wirtschaften mußten wie nur irgend möglich. Für Guja schlug ich meinen Eltern vor, alles Land, das für Äcker und Wiesen nicht gut genug war, zu Wald zu machen. Das brachte erhebliche Einsparungen an Löhnen, Pferdehaltung und auch Maschinen. Fünf Arbeiterfamilien wollten von sich aus Guja verlassen. Der Drang nach dem Westen in die Industrie zu höheren Löhnen und kürzeren Arbeitszeiten hatte damals eingesetzt. Die Industrie bemühte sich eifrig um Arbeiter aus dem Osten; schon länger

dort wohnende Verwandte lockten ebenfalls. Für Guja paßte das in unsere Pläne.
Inflation und danach die Rentenmark waren für die Landwirtschaft eine schwere Zeit. Ich will mich hier nicht mit ihr auseinandersetzen, wohl aber ein Gedicht von Arnold von Weiss aus Plauen im Kreise Wohlau in Ostpreußen bringen. Die Verse sind gut, getragen von Humor und Galgenhumor. Sie geben ein treffendes Bild. Ich weiß nicht, ob der Verfasser noch lebt. Er wird mir die Wiedergabe nicht verargen.

„Na, und denn?" so sprach der Vater
Wenn er keinen Ausweg fand,
Der als Freund mir und Berater
Jahrelang zur Seite stand.

Na, und denn gab's trübe Stunden,
Und die Sonne schien nur matt,
Bis man schließlich doch gefunden
Irgend einen Ausweg hat.

Na, und denn ging es so weiter.
Irgendwie wurd' es ja schon!
Krieg- und Friedenshühnerleiter,
Und dann kam die Inflation.

Na, und denn war Geld wie Dünger,
Bloß zu kaufen gabs meist nuscht.
Zwangswirtschaft und Schieberfinger
Haben noch den Rest verpfuscht!

Na, und denn war auch zu Ende
Schließlich mal die Inflation,
Und man tapeziert' die Wände
mit Milliarden und Billion.

Na, und denn die liebe Steuer
(Für die Ernte gab's Papier!)
Das Finanzamtsungeheuer
Nahm das gute Gold dafür!

Na, und denn begann das Drechseln,
Und der große Pump begann!
Mit den mist'gen Lause-Wechseln
Kurbelt man die Wirtschaft an.

Na, und denn ging das so weiter.
Kinder pumpt Euch! Geld ist da!
Das war uns're Hühnerleiter,
Bloß man, daß kein Mensch sie sah!

Na, und denn gabs Kraftmaschinen.
Kinder pumpt Euch, Geld ist Mist!
Seine Existenz verdienen
Kann bloß, wer mechanisch ist!

Na, und denn — Mensch rühr' die Finger!
Produktion ist jedem Mann
Höchste Pflicht! Drum kaufe Dünger.
Dünger, Dünger, immer ran!

Na, und denn, wer läßt sich lumpen?
Vivat hoch, die Produktion!
Und das Geld kann man sich pumpen
„Pflichterfüllung" ist der Lohn!

Na, und denn begann die Pleite,
Denn das Wechselwürgpapier
ist, jetzt merkten es die Leute,
Schlimmer als ein wildes Tier.

Na, und denn fing's Protestieren,
Mahnen, Nörgeln, Quetschen an.
Mensch, Du darfst dich nicht blamieren!
Zahl, sonst bist du hinten dran!

Na, und denn der prompte Zahler
Drischt Getreide und verkauft.
Für den Zentner gibts 'nen Taler,
Ob man auch das Haar sich rauft.

Na, und denn, — ach nee die Pleite!
Roggenpfandbrief, Börsenkrach,
100 stehen im Grundbuch heute,
60 gabs mit Weh und Ach!

Na, und denn die Pleite plustert
Mehr und mehr sich riesengroß.
Und die Sonne steht verdustert,
Regen, Hagel, Wetter bloß.

Na, und denn war's mal zu Ende
Mit des Landmanns Mut und Kraft.
Alles steht und ringt die Hände.
Keiner weiß, wofür er schafft!

Na, und denn soll'n uns jetzt retten
Reich und Staat und weiß ich was.
Ja, wenn die man Gelder hätten!
Aber so hilft uns kein Aas.

Na, und denn hat man beschwichtigt:
Hilfe kommt, geduld' Dich bloß!
Aber dann wurd' es „berichtigt":
Nein, es geht erst nächstens los!

Na, und denn, ein Jahr vergangen:
Hilf uns Staat zu unserm Recht!
Doch man fragte traumbefangen:
Geht's Euch immer noch so schlecht?

Na, und denn — weiß ich zum Glück mir
Noch ein Mittel aus der Not:
Jetzo pump ich einen Strick mir,
Häng' mich auf, dann bin ich tot.

Na, und denn — kann ich bloß raten,
Macht es alle so wie ich!
Hängt Euch auf, dann merkt den Braten
Reich und Staat ganz sicherlich!

Na, und denn, wenn wir so liegen,
Kommt die große Frage: Wenn
Keiner mehr kann sä'n und pflügen,
Na, und denn???

In Launingken machte ein Verwandter einen gutgemeinten, aber nicht richtigen Vorschlag, dem sich auch Persönlichkeiten aus den Behörden anschlossen. Auf den ersten Blick hatte er etwas Faszinierendes und schien eine glänzende Idee, die schon längst hätte ausgeführt sein müssen. Aber auch jetzt noch, hieß es, würde sie ganz große Verbesserungen und bald Erleichterungen in den vielseitigen Launingker Betrieb bringen, die leicht alle Unkosten decken könnten.
Dieser „geniale, so lange versäumte Plan" sollte ein Elektrizitätswerk in Launingken an der Angerapp sein. Meiner angeborenen Vorliebe für Anpassung an die Natur — und besonders, wenn es sich um das Element Wasser handelte — sagte der Plan nicht zu. Ich fürchtete für unsere breite, schnell fließende, klare, fischreiche Angerapp, für ihre Ufer mit den alten Bäumen, ihre Freiheit und die vielen das Land bewässernden Windungen. Ihre Quelle waren die Masurischen Seen, ihr Wasser kristallklar. Ich hätte gegenhalten sollen mit aller Kraft meiner inneren Überzeugung — und alles wäre gut geworden, besser gesagt gut geblieben.

Eine bessere, leichtere und billigere Lösung wäre es gewesen, den elektrischen Strom von einem Überland-

werk nach Launingken zu holen und die Angerapp nicht anzutasten.
Angefangen wurde dieses Werk in der Inflation. Als die Hauptzahlungen kamen, war die teure Rentenmark da. Hätte Launingken nicht einen von meinem Vater und Großvater vorbildlich geschonten Wald und Schuldenfreiheit gehabt, es wäre nicht zu halten gewesen. Ein tiefer Eingriff aber blieb unumgänglich. Der Verwalter aus der Kriegszeit war noch in Launingken. Die Ausführung lag auf meinem Vater und ihm. Ich kam zwar oft herüber, hatte aber mit dem zerstörten Guja zu tun. Mein Vater und ich waren fest entschlossen, Launingken nicht durch das Kraftwerk mit Schulden zu überladen. Dazu waren die Zinssätze in jenen Zeiten bei den Banken viel zu hoch. Die größte Summe sollte durch Landabgabe aufgebracht werden. Nach unserer Ansicht kam die gesamte Landwirtschaft in schwere Zeiten. Dem wollten wir Rechnung tragen. Die Folgen des verlorenen Krieges wurden schwerer und schwerer.
Als das Werk an der Angerapp fertig war, sangen die Turbinen ihr seelenloses Lied. Wenn ich in Launingken übernachtete, klang dieser fremde Ton bis in meine Schlafstube. Mir wurde klar, daß ich nun für immer mit ihm zu rechnen hatte. Die erzeugte Elektrizität brauchte Maschinen, weitere Umstellungen, Geld, Geld, immer wieder Geld!
An einem Frühsommertag ging ich mit unserem alten

Schmiedemeister Buttgereit an der Angerapp entlang. Seine Schmiede stand nahe ihrem Ufer. Wir wollten sehen, wie sich das Kraftwerk durch den Launingker Park und weiter zum Wiesenhof auswirkte.

Am Wehr brauste das Wasser über die hohe Staumauer. In der Angerapp war gerade die Laichzeit verschiedener Fischarten. Für sie sind geeignete Laichplätze eine wichtige, seit Urzeiten ererbte Notwendigkeit. Flache, nicht schwankende Wasserstände, die Beschaffenheit des Flußbettes und der Ufer, Unterwasserpflanzen, Strömung und anderes mehr spielen eine wichtige Rolle dabei. Die Fische unternehmen weite Wanderungen von ihren sonstigen Aufenthaltsgebieten bis zu den Laichplätzen. Trotz Gefahren und Hindernissen halten sie daran fest. Großartige Naturereignisse können diese Wanderungen und Laichzeiten sein. Der Meister und ich hatten sie erlebt: das von unzähligen Fischleibern dicht angefüllte Flußbett, das durch den Laichvorgang bedingte Zusammenschlagen der Geschlechter, das aufbrausende und hochspritzende Wasser und die in solchen Stunden kaum spürbare Scheu vor den Menschen. Seit Jahrtausenden hatten sich diese Vorgänge alljährlich wiederholt. Sie und das klare, gesunde Wasser der Angerapp waren die Grundbedingungen für ihren immer gleichbleibenden Fischreichtum. Jetzt war diesen Wanderungen durch das Betonwehr und die sich drehenden Turbinen ein unerbittliches Halt entgegengesetzt.

Schon in den letzten Tagen hatten wir unterhalb des Wehrs eine große Ansammlung von Debeln — zu den Karpfen gehörig — beobachtet. Als wir nun bei dieser Besichtigung hinkamen, waren es viel, viel mehr geworden. Tage und Nächte lang versuchten die Fische, mit der Veränderung fertig zu werden, einen Umweg zu finden oder einen Durchlaß. Ein solcher war wohl da. Das Gesetz verlangte es. Aber es war nur eine Proforma-Arbeit. Der starke Wasserdruck ließ keinen Fisch durch. Schließlich versuchten sie Tage und Nächte lang, das Wehr zu überspringen. Es war viel zu hoch, sechsmal höher als es die besten und stärksten Springer erreichten. Waren sie zu sehr ermattet, dann trieben sie stromab, kamen aber immer wieder und versuchten es von neuem. Schließlich mußten sie aufgeben. An einem Morgen waren alle verschwunden.
Den anderen Fischarten erging es in gleicher Weise, den Plötzen, Nasen, Rotfedern, den großen Schwärmen der Ukelei und anderen. Ihnen allen bereitete es Qualen. Nur zwei Arten verstanden in kürzester Zeit, daß hier der Mensch beteiligt war. Sie kehrten um und verschwanden noch in derselben Nacht. Es waren die Hechte, die in der Angerapp bis zu 29 Pfund schwer wurden, und die noch größeren Raapen. Im nächsten Jahr um die gleiche Zeit fürchtete ich eine Wiederholung der Quälerei vor dem Wehr. Aber die Fische kamen nicht. Es hatte sich „herumgesprochen" unter den „stummen, einfältigen" Tieren.

Bei unserer weiteren Besichtigung der Angerapp unterhalb des Wehrs, besonders an ihrem Lauf durch den Launingker Park, war das Plätschern und Rauschen des Wassers um Steine und Findlingsblöcke verstummt. Sie waren für eine bessere Leistung der Turbinen entfernt worden. Die Strömung stieß und staute sich nicht mehr an ihnen. Das Murmeln und Glucksen über die bemoosten kleineren Steine war verstummt, das vorher leuchtend grüne Wassermoos sah grau und filzig aus, durchsetzt mit Schlamm, den der wechselnde Wasserstand am Wehr immer wieder aufwühlte. Ebenso erging es den grünen Unterwasserpflanzen, dem flutenden Igelkolben und dem grünen Laichkraut. Die früher weißgelben Sandstellen auf dem Grunde leuchteten nicht mehr im Sonnenlicht. Im weiteren Unterlauf schien es zwar besser, aber die alte, gesunde Angerapp war es bis zum Wiesenhof und darüber hinaus nicht mehr.
Der Meister schüttelte den Kopf: „Gut ist das alles nicht", sagte er. „Unsere Fische tun mir leid. Die Lust, sie zu fangen, wird mir, nachdem ich ihre Not gesehen habe, für immer vergangen sein. Für unser großes Launingken und seine Einnahmen spielen die Fische keine Rolle. Weder Sie noch ich oder unsere Arbeiter haben Geld daraus gemacht. Der vom Herrn uns freigegebene Fischfang bedeutete ja immer nur eine Freude, die uns billige Mahlzeiten brachte. Aber da sind noch andere Dinge, die der Bau des Wasserkraftwerkes mit

sich gebracht hat. Allein seine Kosten! Dann die ganze notwendig gewordene Umstellung, die vielen Maschinen und was sonst noch alles dazukommt! Kann Launingken das aufbringen? Ich glaube nicht, auch wenn noch viel gutes Holz in unserem Wald steht. Mich geht das ja nichts an. Ich bekomme pünktlich meinen Lohn wie die Deputanten, die Wald- und Ziegeleiarbeiter. Aber ich und die meisten von uns hängen an Launingken. Sie sehen es als ihre Heimat an. Darum sitzen sie so fest in ihren Wohnungen. Ich bin über vierzig Jahre hier, viele andere Familien noch länger. Immer hatten wir unser Auskommen und unsere Freiheit. Wenn ich fischen ging, war es wie in meinem Fluß, und was ich fing, gehörte mir. Ich hatte von allem genug, der Herr auch, ebenso die ganze Belegschaft hier, auf den Vorwerken und in Guja. Alle waren ruhig, weil sie zufrieden waren. Jetzt glauben fremde Menschen aus Stadt und Industrie, hier das große Wort zu haben. Sie wissen alles besser, aber sie werden uns damit arm machen. Wir wären rückständig, sagen sie, weil wir nicht immer noch mehr Maschinen kaufen und an den elektrischen Draht hängen. Wir sollen neuzeitlich sein, wie sie es sind. Ich sehe aber, daß uns zuviel Neuzeitlichkeit arm macht. Maschinen können gut sein, sehr gut! Ich bin gelernter Schmied und weiß das, aber man muß Herr über sie bleiben, sonst bringen sie uns um.

An Ihren Vater denke ich oft. Er ist in den letzten Jahren alt geworden. Ich bin zwölf Jahre älter. An ihm zehren die Sorgen. Erst der lange Krieg und zweimal die Russen hier bei uns, dann der viel zu frühe Tod Ihrer Mutter. Sie hätte vieles gemildert und Rat gewußt. Sie waren im Krieg. Und jetzt sind nun wieder die geldknappen Zeiten gekommen und dann noch das Wasserkraftwerk mit seinen Kosten! Das ist zuviel!

Eck mott nu platt rede, dat geit mi leichtêr. Ob enne kemmt noch veel, sehr veel, man nich blos Sorge om ons Launingke on Guj. De niege Tied, wo sich nu bemerkbor moakt, on wat sich uner de Mensche deit, es nich to äwersehne. Bi ons es noch Ruh, äwer annerswo jeft dat veel Ontofredenheit. De ward noch doller ware on allerhand met sich bringe. To erscht Oarbeitsmangel und von dat noch Schlemmeret. Wenn de Minsche nuscht to done hebbe, besennes seck ob Düwelskroam. Onse Feinde ut dem Krieg hänge ons dem Brotkorf to hoch. Dat ward nich got done ok fer se selfst nich. Got geit dat ganz bestemmt nich. Äwer wie Launingker alleen kenne dat nich ophole, dortau send wi nich grot genoch. Eck sie old un heb nich mehr lang to lewe. Äwer se! Se send noch jung on ob enne wart noch veel, sehr veel koame!"

Ich verstand meinen alten Meister sehr gut und stimmte ihm zu. Doch es lebte ein Gefühl in mir, irgendwie mit dem Kommenden fertig zu werden. Die Liebe zu Launingken und Guja bis in alle Einzelheiten, zu seinen Leuten, dazu die ewigen immer neuen und doch so vertrauten Jahreszeiten in Wald und Flur und

an meinem Fluß gaben mir die Zuversicht: Klugheit und Kraft zur rechten Zeit zu empfangen.
Inzwischen war es wieder Winter geworden. An einem naßkalten, frühen Morgen fuhr ich noch im Dunkeln bei guter Schlittbahn durch das Land nach Launingken. Auf halbem Wege, an den einsamen Waldstücken vor der Wetterscheide, flog eine Schar grauer Nebelkrähen aus ihren Schlafbäumen auf, fiel noch einmal auf den höchsten Tannenspitzen ein, äugte sichernd in die Runde und zog, sich teilend auf Nahrungssuche zu den Höfen und Häusern der Menschen. Hinter der Wetterscheide, in dem Dörfchen Gurren, war es schon heller geworden. Goldammern und Spatzen ließen ihre Stimmen hören. Auf den verschneiten Strohdächern der Scheunen saßen sie und warteten auf das Klappern der Dreschflegel, die ihnen so manches Körnchen von den Tennen auf den Schnee hinausspringen lassen würden. Am Ausgang des Dorfes stand der älteste Baum in der ganzen Umgegend, die tausendjährige Linde, tief verschneit. Ihre Krone war im Verhältnis zum Stamm klein. Stürme, die viele Jahre zurückliegen mußten, hatten sie ihr teilweise genommen. Die Wunden vernarbten und verwuchsen. Der Stamm der Linde aber war von gewaltigem Umfang mit dicken, knorrigen Wülsten. Er war hohl. Mühelos ließ es sich in ihn hineingehen. Dort stand, geschützt vor Schnee und Regen, die Totenbahre des Dörfchens.
Von der nächsten Höhe des Weges sah ich schon unse-

ren Launingker Wald. Er sollte für meinen Vater und mich das Ziel des heutigen Tages sein. Wir wollten uns einen Überblick verschaffen, wie hoch die Einnahmen aus dem Walde werden konnten, wenn wir ihn stärker als sonst nützen würden, ohne Raubbau zu treiben.

In Launingken kam der alte Kutscher Domning aus dem Haus, nahm mir die Pferde ab, um sie mit anderen zu tauschen. Ich ging nach der zwei Stunden langen Fahrt zu unserem Haus und freute mich auf ein warmes Kaffeestündchen mit meinem Vater. Die feuchtkalte Luft war durch Pelz und Kleider gedrungen.

Als Domning nach einiger Zeit meinen Schlitten wieder mit Schecken bespannt vorfuhr, waren es jene, die meine Mutter am 31. Januar 1919 zu Grabe gefahren, und auch die gleichen Pferde, die uns 1914 die Russen genommen hatten. Einer unserer in den Krieg gegangenen Arbeiter war bald jenseits der russischen Grenze auf einen großen, ausgehöhlten Strohberg gestoßen, in dem die beiden Schecken versteckt standen. Er schrieb uns einen Feldpostbrief, daß sie jetzt bei seinem Truppenteil wären. Da wir keine Entschädigung für die beiden Schecken genommen hatten, wurden sie uns zugestellt.

Wir fuhren in den Wald und dort, auf dem Langgestell, das die meisten Jagen berührte, auch das, in dem gerade geschlagen wurde, war ein wunderbar gewachsener, lückenloser, hundertjähriger Fichtenbestand. Etwa zehn Rotten arbeiteten, so weit voneinander entfernt, daß die fallenden Stämme niemanden erreichen konnten.

Axthiebe, das Ziehen der Sägen, drangen zu dem Platz, an dem wir hielten. Ab und zu sahen wir, mal ferner, mal näher, eine der hohen pyramidenartigen Fichtenkronen sich in der nebligen Luft aus ihrem Verband lösen, schräg stellen, hörten sie mit fegendem Sausen niedergehen und dröhnend zu Boden schlagen. Mein Vater hing mehr an seinem Wald als an den Feldern und Wiesen. Das paßte zu seiner Art, die das Stille und Geborgene liebte. Ihm barg der Wald viele Erinnerungen — besonders an seinen Vater — aus den zurückliegenden Jahrzehnten. Wir sahen noch einige Fichten fallen. Dann sagte er ruhig, doch mit bewegter Stimme: „Gott versagt seinen Segen jenen Plänen, die der persönlichen Eitelkeit dienen. Bei dem Entschluß zu dem Wasserkraftwerk war ich nicht frei davon.“ Als er das gesagt hatte, hieß er mich nach Hause fahren.

Wenn Vater und Sohn lange zusammenleben, werden die oft trennenden Altersunterschiede belangloser und lassen das bisherige Verhältnis zu einer Freundschaft werden, die fortbesteht und dem Überlebenden zu einer harmonisch-schönen Erinnerung wird.

Ich ließ die Schecken einen kleinen Umweg machen, fuhr durch das älteste und schönste Fichtenjagen des Launingker Waldes, einhundertunddreißig Jahre alter

Bestand, kerngesund, so geschlossen wie in solchem Alter nur selten. Es hatte immer als unantastbar gegolten. Mein Vater verstand diesen Umweg. Sein Gesicht war wieder ruhiger. Er sagte: „Es ist lieb von dir, daß du durch dieses Jagen gefahren bist. Es bleibt uns und mit ihm so manches Andere noch, das wir schonen und behüten werden."

Gesundung?

Die weitere Entwicklung brachte zuerst Schweres und nahm für immer Unwiederbringliches. Als es aber durchgestanden war, hatten wir zu danken. Wir waren frei. Nicht der Wald hat dabei in der Hauptsache geholfen, sondern eine Fläche Land von Launingken, die wir an seiner Stelle hingaben. Die neue Entwicklung im Osten Deutschlands nach dem verlorenen Krieg schien sich gegen unseren Stand und die großen Landbesitze zu wenden. Dem wollten wir Rechnung tragen. Das Verhalten der Alliierten gegen Deutschland nach dem Kriege war zu hart. Es traf alle Stände in unserem Volk, besonders schwer unseren deutschen Arbeiterstand, die kleinen Leute und auch den nicht mit Gütern gesegneten Mittelstand. Deutschland mußte das hinnehmen. Wir hatten den Krieg angefangen, die halbe Welt in Unruhe gebracht und ihn dann verloren. Ich konnte zwar Verständnis für das Vorgehen der Alliierten aufbringen, aber klug war es nicht. Der starke Gegendruck begann erst nach Jahren deutlich sichtbar zu werden, wurde rasch stärker und brachte Deutschland bis an den Rand seiner Existenz.

Die deutsche Revolution von damals verlief unblutig, sie verlief menschlich. Das war weder bei der französischen, noch bei der russischen der Fall gewesen. Die sozialdemokratische Führung unter Ebert sorgte dafür, daß sie nicht in Grausamkeiten überging. Daß dann doch ein Mensch wie Hitler an das Ruder kommen konnte, war in erster Linie unsere Schuld, in zweiter aber Schuld des erbarmungslosen Druckes der Alliierten.

Als die deutsche Revolution schon im Abklingen war, besuchte mich Köstring in Guja. Er war einer der wenigen aktiv gebliebenen Offiziere in einer besonders guten Stellung als Major und Adjutant bei Seeckt, dem Oberbefehlshaber des uns damals von den Alliierten genehmigten Hunderttausend-Mann-Heeres. Er kam gerade aus Thüringen, wo es sehr unruhig gewesen war. Seine Art, mit einfachen Menschen umzugehen, hatte dort viel zur Beruhigung beigetragen. Er scheute sich nicht, die Anführer aufzusuchen, mit Wohlwollen in der Stimme sich ohne alle Bedenken unter sie und die Unzufriedenen zu mischen, mit ihnen zu sprechen und sie von Gewalttaten abzuhalten. Köstring mußte sehr gut mit seinem Chef zusammengearbeitet haben, er sprach mit großer Hochachtung von ihm. In den vor uns liegenden Jahren haben wir uns öfter wiedergesehen und gesprochen. Er war gern bei uns in Guja und Launingken, seines Berufes wegen nie lange, aber immer voller Herzlichkeit und gegenseitigem Vertrauen. Für die guten Gujaer Krebse aus unserer Rawda hatte er eine Schwäche. Er war nicht verheiratet, sein unruhiger Beruf ließ ihn erst später dazu kommen.

Bei seinem hier erwähnten Besuch erzählte er mir zwei für jene deutsche Revolution charakteristische Begebenheiten, die er kürzlich in Anwesenheit von Seeckt erlebt hatte. Sie werfen ein bezeichnendes Licht auf jene Zeit, auf die Revolution und die Art, wie sie gelenkt wurde. Er hatte neben Seeckt gesessen, der in der Unterhaltung mit Ebert war, als zwei einflußreiche Persönlichkeiten der Sozialdemokratischen Partei dazukamen, sich zu Ebert herabbeugten und ihm den Vorschlag machten, den Adel in Deutschland abzuschaffen. Ebert hörte ruhig zu, bis sie ausgesprochen hatten. Dann stützte er einen Ellenbogen auf den Tisch, den Kopf in die Hand, sah zu seinen beiden stehenden Parteigenossen auf und sagte, mit dem Zeigefinger drohend: „An den Adel geht mir keiner ran!" — Was waren Eberts Gedanken dabei? Wohl diese: Jedes Ding währt seine Zeit. Auch der Adel hat sie gehabt! Muß er nun mit spürbarer Geste „abgeschafft" werden? Lassen wir ihm seine Namen; von nun an werden sie historisch und nicht schaden. Wir haben damals nicht näher darüber gesprochen.

Die zweite Angelegenheit berührte ein Geheim-Unternehmen, das damals auch um Launingken, Guja und wahrscheinlich weit darüber hinaus mit großem Eifer von seinen Urhebern betrieben wurde: Die Aufstellung einer „Schwarzen Reichswehr", die sich Heißsporne zusätzlich zu dem uns von den Alliierten gestatteten Hunderttausend-Mann-Heer unter Seeckt dachten. Dieser Plan war unvorsichtig. Köstring, der Seeckts Meinung genau kannte, äußerte sich zu mir folgendermaßen: „Das ist etwas, das wir mit aller Entschiedenheit ablehnen, weil es den Fortbestand unseres legalen, kleinen Hunderttausend-Mann-Heeres auf das Ernsteste gefährdet. Wie sollen wir, wenn uns dieses gestrichen wird, ohne Soldaten Ruhe und Ordnung aufrecht erhalten?"

Auch ich hatte eine Aufforderung bekommen, bei der „Schwarzen Reichswehr" mitzumachen, zu Kriegsspielen zu erscheinen, Geldsammlungen zu veranstalten und im Geheimen Waffenmagazine anzulegen. Bei der Lage Deutschlands schien es mir nicht angebracht. Ich hatte die kalte Schulter gezeigt. Jetzt war ich froh, mich auf nichts eingelassen zu haben. Den Tadel eines jungen, nicht mehr aktiven Generals und das mir von ihm angedrohte Alleinstehen im Falle eines neuen Krieges nahm ich ruhig hin.

Bei unseren Bemühungen, durch Landverkauf von Launingken wieder frei zu werden, erkannten wir, daß Land zu jener Zeit nur an Siedlungsgesellschaften verkäuflich war. Sie verlangten bestes Land und große Flächen. Das hätte sich machen lassen. Aber wer würden die Siedler sein? Was sollte aus unseren Arbeiterfamilien werden, die durch den Landverkauf überzählig wurden? Ich faßte den Entschluß, selbst Siedlungsträger zu werden und die damit verbundene Mehrarbeit auf mich zu nehmen. Dadurch bekam ich die Möglichkeit, unsere eigenen Familien persönlich anzusetzen und ihnen die Heimat zu erhalten. Ich hing an diesen Menschen, war mit ihnen aufgewachsen und hatte das gute Verhältnis von meinen Eltern und Großeltern zu ihnen als etwas Selbstverständliches übernommen. Diese alteingesessenen Familien gehörten mit zu meinem Heimatbegriff.

Als Erstes wählte ich eine zusammenhängende Fläche geeigneten und guten Landes aus, von dem ich wußte, daß es den Ansprüchen des Landeskulturamtes sicher genügen würde. Launingken hatte guten Mittelboden, der sich überall ohne Schwierigkeiten beackern ließ. Zunächst war es eine Fläche von einhundert Hektar. Gleich geeignetes Land schloß sich in genügender Größe an. Die einzelnen Siedlungen sollten fünf Hektar groß werden und jede von ihnen eine weitere gleich große Fläche mit Vorkaufsrecht grundbuchlich eingetragen erhalten, falls Launingken verkauft oder die Siedlerfamilien keine Nebenbeschäftigung mehr bei uns erhalten könnten. Damit war ihre Existenz nach menschlicher Berechnung gesichert. Das Siedlungsland lag an fester Straße, mitten im Launingker Besitz zwischen Bahnhof und Schule, an der Chaussee Darkehmen — Angerburg. Nach Besichtigung durch das Kulturamt erhielt ich von den Behörden bereitwillig die Erlaubnis, sofort anzufangen. Für Launingken und die Siedler war es ein Vorteil, daß wir eigenen Wald, eine gutgehende Schneidemühle und eine Ziegelei besaßen, deren Ziegel als besonders gut galten. Ich war dadurch in der Lage, unseren Leuten die Gebäude solide und zugleich vorteilhaft im Preise zu erbauen. Auch brauchte ich keine fremden Maurer, Zimmerleute usw., wir konnten alles aus eigener Kraft machen. Es war damals ein herrlicher Zustand in Launingken — fast wie eine große Familie.

Rechtzeitig im Frühherbst standen die Siedlungen fertig da und wurden bezogen. Sie fanden Zustimmung. Maßgebende Leute sagten sich zu Besichtigungen an. Nur Gutes und Anerkennung bekam ich zu hören und begann schon wieder mit den Vorbereitungen für das nächste Siedlungsjahr, jetzt in größerem Stil. Da begegnete ich unvermutet Schwierigkeiten, Hingehaltenwerden, Hinausschieben von Formalitäten und Ähnlichem. Ich fand die richtige Deutung nicht sogleich, bis mir das Landeskulturamt jede Weiterführung meines Planes dadurch unmöglich machte, daß es die Zwischenfinanzierung für die weiteren von mir geplanten und angegebenen Siedlungsstellen ablehnte. Ich erfuhr, daß die Ostpreußische Landgesellschaft jetzt das einzige Siedlungsunternehmen in unserer Provinz geworden war, unter einem neuen Direktor, einem Mitglied der jungen Nationalsozialistischen deutschen

Arbeiterpartei. Damit wurde mir alles klar. Mein Siedlungsplan war unerwünscht. Ich hatte bereits zwei Erlebnisse mit dieser neuen, schnell anwachsenden Partei hinter mir.
Schon im Herbst 1929 war ein begeisterter NS-Vorkämpfer immer wieder zu mir gekommen, um aus mir ein Parteimitglied für seine Bewegung zu machen, kein schlechter Mensch, aber zu leicht begeisterungsfähig. Er nahm — wie so viele — die damals von der Partei herausgestellten Ziele und Ideale für bare Münze: Gerade, wahre und saubere Zustände innerhalb Deutschlands, Kampf gegen Gottlosigkeit und Gottlosenpropaganda, die sich auch auf dem Lande bemerkbar machte; er sprach von der Geißel der Arbeitslosigkeit infolge der Härte der Siegermächte, von der Beseitigung der deutschen Zerrissenheit durch zu viele Parteien, von der Versöhnung, dem Ausgleich und Austausch aller Völker untereinander, wie auch von der damaligen Tyrannei des Geldes.
Es ließ sich nichts gegen seine Ansichten sagen. Auch in mir regte sich mein Gewissen: „Du kannst nicht immer nur beiseite stehen, du mußt Ziele, die gut sind, unterstützen." Die SA hatte damals ihre Übungsmärsche aufgenommen, um Mitglieder zu werben. An Sonntagen führten diese Märsche in die leeren Kirchen und füllten sie. Meine Arbeiter schickten Abgesandte zu mir. Es käme jetzt das Führerprinzip, ich wäre der gegebene Führer für sie, ich möchte doch mithelfen,

für Deutschland eine bessere Zeit herbeizuführen. Es ging damals auch wirklich eine Neigung durch die Menschen, dem Nächsten zu helfen und Übelstände zu beseitigen. Aber es war viel Unaufrichtigkeit und Vorspiegelung falscher Tatsachen dabei. Der Naziführung schwebten ganz andere Pläne vor. Sie wurden nur noch nicht preisgegeben. Dieses Gefühl konnte ich nicht zum Schweigen bringen. Doch auf sein Drängen gab ich meine Einwilligung zum Eintritt in die Partei, innerlich aber ohne jede Freude. Auch eine NS-Versammlung in Insterburg von maßgebenden NS-Führern, dem Kaisersohn August Wilhelm und anderen, die ich persönlich kannte, bestärkten mich in keiner Weise von der Richtigkeit meines Schrittes, eher von dem Gegenteil. Doch ich hielt noch durch und machte Augen und Ohren auf.

Schon vorher war ich zufällig in Königsberg Zeuge einer der allerersten Aktionen gegen die Juden. Es war im Januar 1931. An diesem Datum, zwei Jahre vor der Machtergreifung, ist zu ersehen, wie dreist und scharf der Gauleiter in Ostpreußen vorging. Das war in den anderen Provinzen nicht möglich. Vor allen Ladentüren der jüdischen Geschäfte standen Parteimitglieder und versuchten, die Käufer fernzuhalten. Wer doch hineinging, wurde photographiert. Die meisten Käufer ließen sich nicht abhalten. Auch ich ging in das große, sehr gute Wäschegeschäft von Lachmanski in der Junkerstraße. Im Inneren verlief der Betrieb reibungslos. Als ich aber das Gesicht des Inhabers oder Prokuristen sah, merkte ich Verzweiflung und Ratlosigkeit in seinen Mienen. Was sollte werden, wie dieses gesetzlose Vorgehen aufhören, wenn der Staat und seine Behörden nicht einschritten? Langsam wanderte ich in der Junkerstraße von Geschäft zu Geschäft, blieb stehen, trat ein und versuchte von den Braunhemden, denen damals das Tragen dieser Farbe verboten war und die nun alle in weißen Hemden dastanden, möglichst viel ihrer Redensarten zu verstehen. Aus drei verschiedenen Typen setzten sie sich zusammen: Harmlose, die kaum interessiert ihren Dienst taten, Stille, die sich nicht wohlfühlten in ihrer Rolle, und solche, die „Mein Kampf", das Buch des Führers, gelesen und sich dessen Einstellung zu den Juden zu eigen gemacht hatten. Von diesen vernahm ich auf dem langsamen Gang durch die Junkerstraße so viel Gehässigkeit, so viel schon ausgesprochene Drohungen und sah in Gesichter, die mir, wenn ich an eine mögliche Machtergreifung Hitlers dachte, ein Grauen auslösten.

Als ich am Abend wieder in Guja war, sagte ich wörtlich zu meiner Frau: „Das kann nicht gut gehen. An diesem Judenhaß wird die ganze Bewegung einmal zugrunde gehen. Morgen ziehe ich mein Gesuch um Mitgliedschaft schriftlich zurück. Ich habe noch keine Bestätigung erhalten. Ich bleibe frei."

Abgehärtet durch dieses Erlebnis fuhr ich zu dem NS-

Parteimitglied und neuen Direktor der Landgesellschaft nach Königsberg. Ich wurde sofort vorgelassen, trug ihm in kurzen Sätzen meinen Siedlungsplan vor und fragte ohne jede Gereiztheit, warum man mich nicht weitermachen ließe? Seine Antwort lautete: „Weil Sie die Leute in die Leibeigenschaft bringen. Wenn Sie ihnen die Arbeit sperren, müssen die Siedler verhungern." Ich wußte, daß er mir diese unzutreffende Antwort trotz genauer Kenntnis meiner Siedlerverträge gab, dachte an die Junkerstraße und sagte im Aufstehen: „Sie kennen meine Verträge und wissen, daß ihre Einwendung nicht zutrifft." Ich verließ das Zimmer.

Im weiteren Verlauf dieser Angelegenheit fand ich heraus, daß er mir seine Antwort nicht um irgendwelcher Nazi-Interessen willen gegeben hatte, sondern unsere Lage in Launingken kannte und als neuer Direktor aus dem sicheren Siedlungsprojekt ein gutes Geschäft machen wollte. Dankbar blieb ich für mein erstes Nazi-Erlebnis bei den jüdischen Geschäften. Ich hatte einen Einblick getan in Abgründe. Über eine Mitgliedschaft meiner Person bei der Partei hätte ich mich vielleicht gegen den Direktor durchgesetzt, aber diese Möglichkeit kam für mich überhaupt nicht in Frage.

Dem neuen Siedlungsdirektor mußte ich lassen, daß er wirklich nur einen für seine Gesellschaft billigen Preis durchsetzen wollte, mir sonst aber in nichts zuwider war, sich selbst nie sehen ließ und mir beim Ansetzen unserer eigenen Arbeiterfamilien auch nichts in den Weg legte. Als die Siedlung schon gut fortgeschritten war, und ich von dem Landerlös nach Abzug aller Verbindlichkeiten durch das Kraftwerk noch siebzehntausend Mark übrig behielt, konnte ich damit den bedürftigeren Familien unserer frei werdenden Eszergaller Leute Anzahlungssummen auf Siedlerstellen als Dank für langjährige treue Arbeit geben. Das war der geschäftliche Verlauf der Verkleinerung von Launingken. Auch wenn die Abgabe der einsamen, schönen und großen Landfläche schmerzlich war, empfand ich sie als richtig. Ein Blick zwölf Jahre weiter hätte alles ganz gleichgültig erscheinen lassen.

Wir haben damals verschmerzt, was mit der Aufteilung des Landes verlorenging. Es war die Stille, die Unberührtheit der Natur auf weiten Flächen, wenn der Pflug auch zu unseren Zeiten darüber hingegangen oder die Sensen durch die reifen Felder gestrichen waren. Immer kam damals die Stille wieder für lange Zeit, mit ihr das Leben der Natur, die rastenden Kraniche, die Wildgansgeschwader zu vielen Hunderten, die Rehe in großen Sprüngen. All dies und vieles mehr war möglich gewesen auf den weiten, stillen, in jedem Jahr ihre Ernten tragenden Flächen. Wir Menschen erhielten unser Recht und auch die Tiere hatten es gut. Oft waren mir in jenen Felderbreiten Uhlands Worte in Kreutzers Melodie durchs Herz gegangen:

„Das ist der Tag des Herrn!
Ich bin allein auf weiter Flur;
Noch eine Morgenglocke nur,
Nun Stille nah und fern."

Vom bescheidenen, weißgetünchten alten Kirchlein im Nachbarort hatte der Morgenwind die Glockentöne den Waldrand entlang getragen bis zu mir, die Rehe hatten weiter geäst, die Kraniche ihre Hälse erhoben, die wilden Gänse nur gesichert, aber Ruhe und Stille blieben. Nun war es anders geworden.

Als in Königsberg die ersten nationalsozialistischen Zeitungen unter dem schon lange vor der Machtergreifung eingesetzten Gauleiter erschienen, konnte jeder, der auch nur ein wenig Menschenkenntnis besaß, klar erkennen, daß alle wirklich maßgebenden Stellen in der Partei und bei den Behörden mit Nationalsozialisten besetzt werden würden. Nebenbei aber kursierten von derselben Seite ausgestreute Gerüchte, daß Männer mit bekannten Namen und dem Ruf erprobter Tüchtigkeit vorgesehen seien. Es war nur ein Beruhigungsmanöver, ein Trick. Erst als Hitler an die Macht gekommen war, gingen vielen die Augen auf.

Alle Betriebe mußten am Radio an den Feierlichkeiten der NS-Machtergreifung teilnehmen. In den Mienen unserer, meinem Alter nahestehenden und älteren Arbeiter las ich Unsicherheit und Ablehnung. Ängstliche

Gemüter verbargen ihre Gedanken hinter undurchdringlichen Gesichtern. Der größte Teil der Jugend stimmte zu.

Nach der Machtergreifung kamen höherstehende Nationalsozialisten mit Wünschen für die Partei zu mir. Sie meldeten sich telefonisch in einer Weise an, daß man kaum absagen konnte. Auf dem Launingker Hof stand ein sehr großes Gebäude. Unter meinem Großvater war es eine Zuckerfabrik gewesen, zu meiner Zeit aber schon umgebaut zu Wohnungen, Speicherräumen und einem großen Saal für Erntefeste und Theaterspiele, die meine Mutter mit unserer Jugend zu deren großer Freude arrangierte. Dieses Haus wollte die Partei. Es sollte zu einer nationalsozialistischen Führerschule eingerichtet werden. Ein höheres Parteimitglied sagte sich telefonisch zum nächsten Tage — einem Sonntag — bei mir in Guja an. Ich kannte ihn nicht. Freundlich sagte ich ihm für den Sonntag ab, den ich mir grundsätzlich für meine Familie und für mich freihielt; ich bat, im Laufe der Woche zu kommen. Er war ein sympathischer Mann, mit dem sich reden ließ, und ging darauf ein. Aus seinen Worten ging hervor, daß die Partei fest mit dem Gebäude rechnete. Trotzdem gelang es, ihn davon zu überzeugen, daß der große Betrieb nicht auf die Räume verzichten könne.

Der Führer reiste in jener Zeit durch Ostpreußen. Er und seine Begleiter fuhren in Autos und übernachteten auf größeren Gütern. Jemand, der mich kannte und den ich sonst gern hatte, der sich damals aber in höchste Begeisterung für den Führer und dessen Pläne hineingesteigert hatte, war auf die Idee verfallen, Hitler müßte das schöne Guja sehen und mich kennenlernen. Das hätte mir damals eine große Ehre sein müssen! Ich empfand es aber eher als einen Schock, aus dem mir höchst unangenehme Folgen erwachsen mußten. Dann aber fiel mir etwas ein, auf das ich vor Schreck nicht gleich gekommen war. Wozu hatte ich denn vor nicht langer Zeit einen geplanten Chausseebau bei Guja und darüber hinaus abgelehnt?!

Guja sollte seine Stille behalten, es lag mir gar nichts daran, es zu erschließen. Wir waren mit unseren Wegen vertraut und kamen immer durch, bei gutem Wetter und auch mit Autos. Jetzt aber waren die Wege — jahreszeitlich bedingt — grundlos und für eine Autokolonne unmöglich. Als ich dieses einem Adjutanten von Hitler telefonisch meldete, sagte er: „Dann muß die Fahrt von Ihnen mit Jagdwagen arrangiert werden." Darauf konnte ich, der Wahrheit entsprechend, antworten: „Ich besitze nur einen. Wir helfen uns hier mit Reiten, wenn die Wege so böse sind, oder mit vier Pferden vor ganz leichten, einfachen Holzwagen. Es ist jetzt wirklich nicht herzustellen." Dieses Ansinnen war damit abgebogen und ich habe nichts weiter darüber gehört.

Nur in einem Punkt habe ich während des Tausend-

jährigen Reiches nachgegeben: das waren die Geldsammlungen, die sich immer wieder einstellten, wenn die Ortsgruppe, der Kreisleiter oder noch höhere Instanzen dem Führer etwas schenken wollten, ein Sturzkampfflugzeug oder sonst etwas für Deutschland. Ich weiß wohl, das paßte nicht zu meiner Einstellung. Aber ich durfte nicht ganz auf die schwarze Liste kommen! Es gab damals der Gelegenheiten zu viele, bei denen man den Stab über sich selbst brechen konnte. Wir waren in Ostpreußen.
Der Nationalsozialismus hatte sich die Hebung des Bauernstandes auf seine Hakenkreuzfahne geschrieben. Das war an sich eine gute Idee. Auch dafür, daß er die großen Güter dabei nicht ohne weiteres mit hineinnahm, hatte ich volles Verständnis. Ein Bauernhof ist kein Rittergut. Er schöpft sich leichter aus. Der Bauer muß bis in das Kleinste zusammenhalten. Nun wurden Hofkarten eingerichtet, die Bauern zu Erbhofbauern erhoben, während die großen Güter erst Anträge stellen mußten. Ich stellte keinen Antrag und überließ die Angelegenheit sich selber. Wie froh und dankbar war ich, jetzt in bezug auf das Geld Ellenbogenfreiheit zu haben. Man ließ mich in Frieden und benachteiligte mich in keiner Weise.
Der Nationalsozialismus setzte sich mit aller Kraft für die Hebung der Landwirtschaft ein. Davon profitierten die großen Güter in gleicher Weise. Deutschland sollte autark werden. Wären im weiteren Verlauf die An-

zeichen und Vorbereitungen für einen Krieg nicht immer erkennbarer geworden, es wäre eine Lust gewesen, zu wirtschaften. Für viele nützliche Verbesserungen in den Betrieben gab es Darlehen und verlorene Zuschüsse. Von ihnen machte ich selbst keinen Gebrauch. Ich traute der Sache nicht, weil ich kein Erbhofbauer war, außerdem hatte ich Zuschüsse nicht nötig.

Hofkarten mußten auch die großen Güter führen. Ich erhielt bewußt in meinen Fruchtfolgen grüne und schwarze Brache. Für Zwischenfrüchte paßten unsere kurzen Sommer nicht. Bei frühem Herbst und Winter drängten sich die Arbeiten viel zu sehr zusammen. Um höherer Ernteerträge willen wurden nun aber die Brachen abgeschafft und der Zwischenfruchtanbau verlangt. Das hielt ich für falsch und blieb bei der alten Art, die sich unter meinen tüchtigen und erfahrenen Kämmerern bewährt hatte. Es gab einen Einspruch von der die Hofkarten führenden Behörde. Ich bat, mir meine bisherigen Fruchtfolgen zu lassen. Nach der Ernte würde ich nachweisen, daß meine Fruchtfolgen höhere Erträge brächten als die neuerdings befohlenen. Ich erhielt die Zustimmung. Die Berechnungen nach der Ernte gaben mir recht. Ich konnte weiter wirtschaften wie bisher.

Die sich in jenen Jahren — etwa von der Machtergreifung an bis zum Frühjahr 1938 — steigernden Einnahmen und bei uns auf dem Lande noch erträglichen

Verhältnisse gaben allen, auch uns, die Möglichkeit zu großen und wertvollen Verbesserungen. Alle Landflächen mit geringen Erträgen forstete ich auf. Alte, schadhafte Drainagen wurden erneuert, in den Viehkoppeln gesunde Tränkteiche angelegt. An Maschinen konnten wir kaufen, was die Wirtschaft brauchte. Auch zwei teure, aber sehr vorteilhafte Verbesserungen ließen sich durchführen. Das elektrische Kraftwerk und die Ziegelei wurden dadurch um vieles rentabler. Über ganz Deutschland ging eine Welle der Hochkonjunktur. Alle Menschen machten Pläne, setzten sie in die Tat um und machten neue. Allen Eisenbahnzügen, auch auf den kleinen Strecken, wurde ein schnelleres Tempo anbefohlen. Voller Staunen saßen sich die Reisenden gegenüber und schüttelten in den wackelnden Waggons mit den Köpfen. „Der Reichsnährstand" und auch die Siedler auf unserem Land kamen gut vorwärts und sahen immer noch bessere Zeiten vor sich. Die Arbeiter fuhren auf „Kraft-durch-Freude"-Schiffen nach Madeira und Norwegen unter der Parole „Freut euch des Lebens" und der Soldat war wieder zu hohen Ehren gekommen.

Ich selbst war dankbar für die erfolgreiche Arbeit in Guja und Launingken. Froh und innerlich ruhig war ich aber nicht. Die ganze Entwicklung erschien mir unnatürlich. Die sichere Ruhe fehlte. Alles wurde aufgebauscht, auf die Spitze getrieben und mit zuviel Vorschußlorbeer bekränzt. Mehr und mehr gingen meine Frau und ich einen einsamen Weg inmitten der geschürten Hochstimmung. Ein deutliches Gefühl der Abneigung ließ mich nicht in das bedenkenlose „Ja“ der Vielen einstimmen. In unserem Volk wurden Ansichten geäußert und Grundsätze gelehrt, die nicht ohne schwere Folgen bleiben konnten. Schon damals stiegen Gedanken in mir auf, daß unser ganzes Schaffen für die Heimat und vielleicht sie selbst in nicht ferner Zukunft mit dem „Tausendjährigen Reich“ untergehen würden.

Die Arbeit für Launingken und Guja riß mich immer wieder hoch. Was mir damals am allermeisten half, war der Segen, der aus der Erde unseres „Guten Landes“ aufstieg, aus der lebenden Natur von Launingken und Guja. Sie machte mich immer wieder heiter und hoffnungsvoll. Daran konnte auch die Einsamkeit, in der meine Frau und ich lebten, nichts ändern. Menschen gab es genug um uns, aber mit wem sollte man sprechen, ohne ihn und sich selber zu gefährden? Unsere Kinder waren auf der Schule, später im Studium. Die vielen Arbeiterfamilien hielten zu uns. Die meisten fühlten oder wußten meine Einstellung, sprachen jedoch nicht darüber, weder zu mir, noch zu anderen. Der Einzige, der ab und zu ein Wort fallen ließ (ebenso wie ich zu ihm), war der alte Launingker Kämmerer Schulzig. Den eingeführten Gruß der Partei „Heil Hitler“ hatten die Leute in Launingken und Guja unter uns wieder abgelegt. Wir begrüßten uns gegenseitig mit den Tageszeiten. Kämmerer Schulzig war ein Mann der Vorsicht. Kam ich zu ihm auf die Felder, wo er neben den Leuten stand, in Begleitung einer ihm nicht bekannten Person, dann wechselte er schon während des Näherkommens seinen Krückstock von der rechten in die linke Hand, ließ mich auf Grußnähe heran, stieß den in die Linke gewechselten Stock in den Acker, daß er dort von selbst stand, machte mit der rechten Hand den Hitlergruß und nahm mit der linken seinen Hut ab. So wurde er seiner Meinung nach allen gerecht.

Im Hinblick auf die späteren Ereignisse des Unterganges von allem mache ich hier einige kurze Angaben aus den Betrieben. Launingken hatte neunzig Milchkühe, der Wiesenhof siebzig, Guja sechzig, ebenso verteilt drei Herden Mastschweine, drei Herden Zuchtschweine, im ganzen sechzehn vierspännige Gespanne, an Jungvieh und Fohlen den notwendigen Nachwuchs, drei schwere Trecker, zwei Personenautos. Unsere reinste, ruhigste und schönste Freude brachten uns die beiden Wälder in Launingken und Guja. Ihre Flächen waren zusammen um zweihundert Hektar vergrößert und alle Kahlschläge wegen der Turbinenkosten wieder angeschont worden. Ohne besonderen Arbeitsaufwand wuchsen diese Flächen still und anspruchslos heran. Längst nicht alle alten und schlagreifen Bestände waren den geldknappen Zeiten zum Opfer gefallen. Die großen, wertvollen Brüche mit ihren guten Eschen-, Birken- und Erlenbeständen, damals für Flugzeugbau und Bleistiftholz sehr gesucht, weil es dem Hitlerstaat an Devisen fehlte, standen unberührt, ebenso die dreihundertjährigen Eichen und hohen astfreien Kiefernbestände in Guja.

In unseren Wäldern war es ruhig geworden. Kein Sägen, kein Stürzen von Bäumen mehr. Die Schwarzstörche siedelten sich wieder an. Das Rehwild wurde vertraut. Das Zusammentreffen mit Dachs, Fuchs und Edelmarder erfreute uns oft. Dem so eindrucksvollen, großen, aus uralten Zeiten stammenden Elchwild konnte unser Wald wieder Schutz, Ruhe und auch gewisse Opfer bringen, etwa durch das Zulassen des Schälens jüngerer Bäume. Kein Elch durfte zu meiner Zeit geschossen werden.

Der Wald und der See mit seinen einsamen Inseln — teils schwer zugänglich — waren schließlich die einzigen Gebiete, in denen meine Frau und ich uns frei fühlten. Auf dem See schien uns das Leben und Treiben der vielen verschiedenen Vogelarten, der Möwen und vertrauten Wildschwäne, so sorglos, friedvoll und heiter, daß wir uns nur schwer davon trennen wollten, um in die zu jener Zeit von äußerer Unruhe heimgesuchten Betriebe zurückzukehren. Bei meinen alten Waldarbeitern war ich immer gern. Sie hielten nichts von dem Marschieren der Hitler-Kolonnen. Kam ein Sonntag, waren sie müde von der anstrengenden Wochenarbeit und blieben zu Hause.

Schwer wurden mir in jener Zeit aber die vielen befohlenen Feste und Volksbelustigungen. Sie waren in Ostpreußen sonst nicht so üblich. Jetzt sollten sie ablenken und bei der Stange halten. Trotz der vielen gedankenlosen Mitläufer hatten sie etwas Krampfhaftes. Als wieder der erste Mai da war, ging ich nicht hin und ließ mich von einem meiner Kämmerer vertreten. Es blieb mir unverständlich, daß kluge und ernsthafte Menschen dabei mitmachten, als gehörten Tauziehen oder Sackhüpfen zu ihren liebsten Beschäftigungen. Aber es war nur eine Maske vor Ortsgruppenleiter und Kreisleiter. Man wurde scharf beobachtet, ob und wie man sich in die befohlene Volksgemeinschaft hineinfand. Wichtiger als das Urteil der Naziführer war mir das meiner Arbeiter. Sie hätten bei unserem gemeinsamen Sackhüpfen sofort durchschaut, daß ich nicht aus Spaß an der Sache hüpfte, sondern aus Druck durch die Partei, und sich ihren Vers darauf gemacht.

An jenem ersten Mai nahm ich mir etwas anderes vor, das besser zu meiner Gemütsverfassung paßte. Ich ging von unserem Haus mit Spaten und Schaufel die Rawda entlang zu ihrer Mündung in den See, stieg in das Wasser und hatte mir vorgenommen, das dort verschlammte Flußbett zu räumen. Ich wollte an diesem Tag nichts mehr von Menschen sehen und hören! Schlamm und Morast als Arbeitsstoff waren mir gerade recht. An ihnen konnte ich meinem Ärger und

Mißmut Luft machen. Ich tat es auch mit dem Erfolg, daß die Mündung frei wurde und der Ärger sich vorübergehend legte. Ich wollte den ganzen Tag dort bleiben. Zu essen hatte ich mit.

In den blühenden Weidenbüschen schlugen die zurückgekehrten ostpreußischen Nachtigallen. Über den verschilften Seeufern fingen Hunderte von Lachmöwen, lautlos schwebend, steigend und fallend, schwärmende Haffmücken. Von den Schwanennestern her klang das böse und ärgerliche Flügelschlagen der Schwanenmännchen, wenn fremde Schwäne den Nestern ihrer Frauen zu nahe kamen, und die Rohrdommeln ließen in der ganzen Seerunde ihre tiefen Balzrufe hören. Dazu schien die helle, warme Frühlingssonne auf Tausende von goldgelben Butterblumen, durch die ich morgens von Guja hierher gegangen war. Jetzt von weitem wirkten sie wie ein fest geschlossener, goldener Teppich.

In einer solchen Umgebung ließ sich auch ein größerer Ärger vergessen. Aber immer wieder stieg es in mir hoch: War man denn ein Sklave geworden, der alles über sich ergehen lassen mußte, lächeln und gute Miene machen zu allem Unsinn, zu all den fein ausgeklügelten Machenschaften und Maßnahmen, die uns gefügig machen und auf die Knie zwingen sollten? Diese befohlene und ganz unaufrichtige Volksgemeinschaft zerriß ja alle wertvollen Bande, die sich tausendmal besser und schöner zwischen uns, unseren

Arbeitern und einfachen Menschen entwickelt und bewährt hatten! Unser Volk wurde in zwei Teile gespalten, in Nationalsozialisten und Außenseiter!
Es war schon Nachmittag geworden, während ich mich mit solchen immer wieder hochsteigenden Gedanken herumschlug. Der herausgehobene Moder lag in weitem Bogen auf dem Flußufer. Plötzlich stand mein lieber, politisch gleichgesinnter Nachbar Milthaler aus Schönbrunn bei Angerburg vor mir. Er hatte mir unbemerkt schon eine Weile zugesehen:
„Ich suche Menschen", hatte es plötzlich zu mir in das Flußbett geklungen. „Da bin ich hierhergekommen, in der Hoffnung, Sie zu finden. Was Sie hier arbeiten, ist gut! Ich habe bloß geheuchelt — und das noch dazu schlecht — und mich geärgert auf dem Maifest. Was man da sieht und hört ist nichts als Unaufrichtigkeit, Zwang und Verdrehen der Wahrheit. Ich muß mal mit Ihnen sprechen, einmal offen reden dürfen. Man wird ja krank, wenn man soviel Falsches sieht und hört und nicht eingreifen, nicht helfen kann." In seinen Mienen las ich Verzweiflung.
„Immer habe ich Zeit, Herr Milthaler, wenn Sie mich brauchen. Wir steigen jetzt in mein Boot und fahren auf den See."
Bald trug uns die durch mein Räumen freier gewordene Strömung der Rawda zwischen Weidenbüschen, hohem Rohr und Schilf hinaus auf den blauen See. Fast lautlos glitt mein Fischerboot zwischen vertrauten

Wildschwänen, Enten, Lachmöwen und Bleßhühnern dahin. Über den goldgelben, noch nicht von neuem Grün überwachsenen Sumpfpflanzen ragten die Ufererlen und die von ersten grünen Schleiern umgebenen Weidenbüsche in den hellen Frühlingshimmel. Wir fuhren zur Kolonie der Lachmöwen, wo das Vogelleben am reichsten und die Menschen am weitesten entfernt waren. Ich trieb das Boot, im Heck stehend, lautlos ohne Eile mit meiner langen Stakstange über den See zu der großen Halbinsel, dem Werder. Das Ufer war dort von Erlenwald bestanden und gab an seinem Ende, die kleine, ganz von Rohr umgebene, mit hohen Birken und Erlen bewachsene Insel frei. Sie trug den ihr vom Volksmund verliehenen Namen „Das krumme Lindchen". In einer der hohen Birkenkronen hatte ich vor Jahren aus luftigem Versteck in zwölf Meter Höhe, dicht von dem an dünnem Ast hängenden Beutelmeisennest, schöne Stunden verlebt. Weit konnte mein Blick von der Höhe des Baumes über See und Land schweifen. Auf einer nahen Erle brütete ein schwarzes Milanpaar und schräg unter mir lag ein Kranichnest mit zwei großen Eiern. Noch heute höre ich die Kranichrufe, die trillernden Schreie der Milane, das bald ferne, bald nahe Singen von Schwanenflügeln und die leisen Rufe der beiden Beutelmeisen.

Eine zweite Insel, die größte des Sees, Kosenhewel, „Ziegenberg" im Volksmund genannt, begann nahe hinter dem „krummen Lindchen", auch bewaldet, mit einem kleinen Berg in der Mitte. An ihr fuhren wir entlang. Eine Wiese lag dort, von dichtem Baumbestand umgeben. Auf ihr standen Kraniche, sie fühlten sich in Sicherheit und nicht verfolgt. Unwahrscheinlich laut klangen ihre Rufe aus nächster Nähe zu uns, als wir vorüberfuhren. Ein Netztrockenplatz der Fischer lag mehr zum anderen Ende hin, umblüht vom großen weißen und roten Lerchensporn, deutlich durch die Erlen- und Aspenstämme vom Boot aus zu sehen.

Als auch diese Insel zurückblieb, kam ein winziges Inselchen zum Vorschein, nur mit Weidenbüschen bewachsen, von den Fischern genannt „der Steinerberg". Ein Steinwall sollte hier vom Südufer des Sees über diesen Steinerberg vor langen Jahren von Menschenhand angelegt worden sein. In unruhigen Zeiten war eine Flucht nach dem Nordufer und von dort aus in die Fliehburg Nordenburg des Ritterordens möglich gewesen. Nach Überlieferung der Vorfahren meiner Mutter, der Familie von Schenk zu Tautenburg, sollte in der Türkenzeit der damalige Freiherr von Schenk zu Tautenburg auf der Flucht von den Türken verfolgt und erschlagen worden sein.

Zwischen Kosenhewel und Steinerberg öffnete sich nach Nordosten eine große, stark in Verlandung begriffene Seebucht. Viele Schilfinseln zwischen schmalen, noch offenen Wasserstraßen bildeten ein Wasservogelparadies vieler Arten. Am größten war die Anzahl der Möwen. Etwa viertausend Paare trafen hier in jedem Frühjahr zur Brut ein. Je näher wir kamen, um so mehr Möwen stiegen von ihren Nestern auf, kreisten über unserem Boot, schrien durcheinander, setzten sich aber gleich wieder auf ihre Nester, während vor uns immer neue Mengen aufstiegen. Ein wunderbares Bild gegen den blauen Himmel über den grünen Schilfinseln.

Viele andere Vogelarten hatten sich der Möwen wegen in diesem Gebiet angesiedelt: eine Anzahl von Schwanenpaaren, viele Wildenten, Taucher, unter ihnen an dreihundert Paare des Schwarzhalstauchers, viele Bläßhühner, Rallen, Sumpfhühnchen und Flußseeschwalben. Der Grund für das Hiersein all dieser Arten in so großer Zahl waren die Lachmöwen. Sie bedeuteten die Sicherheitspolizei für alle anderen. Immer sind Möwen über dem großen Brutgebiet in der Luft, passen von dort oben auf jede sich nähernde Gefahr und melden sie mit Warngeschrei. Unser Boot brachte zwar eine gewisse Unruhe in diese vielseitige Vogelwelt, aber weder Angst noch Flucht. Auf dem freien Wasser hielten sich an hundert, oft auch mehr, noch nicht zur Brut schreitende Jungschwäne. Auch die Flugbilder seltener Raubvögel, die sich durch das reiche Vogelleben hergezogen fühlten, waren etwas Besonderes: Schreiadler, Schelladler, Rohrweihen, Wanderfalken, Baumfalken, Hühnerhabichte, Sperber, Fischadler und zum Herbst dann die Seeadler mit ihren gewaltigen

gewölbten Flügeln. Sie blieben als letzte, bis der Frost den See schloß. Ihre Beute waren Bleßhühner und Enten verschiedener Arten. Die Wildschwäne aber wurden in Ruhe gelassen.
Nahe diesem Gebiet lag nach Norden zu eine größere, bewaldete Insel mit dem Namen „Großes Kaninchen"; und weit entfernt eine kleinere mit uralten Hängebirken, eine richtige Beutelmeiseninsel, nicht mit dem Boot zu erreichen, nur mit Vorsicht zu Fuß durch ein verlandetes Sumpfpflanzengebiet mit scharfen Rohrstoppeln und grundlosem Moor. Was den Menschen hier trug, war nur eine verschieden starke Pflanzennarbe. Oft kam ich nicht in diese Abgelegenheit und zu der eigenartigen Schönheit ihrer uralten Trauerbirken, deren unterste Äste tief in das aufwachsende Rohr hinabreichten. Das nie gemähte Gras an den lichteren Stellen war wie ein grünes, weiches, unberührtes Polster, das zum Lagern lockte, zum Aufschauen in die grünen Kronen, die weißen Stämme, ihre Äste und die tiefblauen Himmelsstellen darüber. In Gedanken war ich oft auf dieser Insel. Sie lag nicht mehr auf unserem Gebiet. Mit dem größten Teil des Sees gehörte sie zu dem Besitz des Grafen zu Stolberg-Wernigerode in Dönhofstaedt.
Von der Möwenkolonie machten wir noch einen Bogen nach dem nordöstlichen Teil des Sees, der mit dem Gut Truntlak dem Herrn von Heiking gehörte. Ich hatte überallhin freie Fahrt. Außer den Fischern, dem

alten Fischermeister Repräger und mir kam kaum ein Mensch auf den See, den Herbst bei einer Entenjagd ausgenommen.

Herr Milthaler hatte vorgehabt, auf dieser Fahrt viel mit mir zu besprechen, er war aber nicht dazu gekommen. Wohl hatte ich ihn auf dieses und jenes aufmerksam gemacht. Geantwortet hatte er nicht, nur zu erkennen gegeben, daß er meine Worte verstand, aber ganz versunken war in soviel Schönheit und Leben. Sein im Anfang ernster und gespannter Gesichtsausdruck hatte sich mehr und mehr gelöst. Als mein Boot in der Rawdamündung an seinem Anlegeplatz auf Grund lief, blieb er noch ein Weilchen sitzen, sah mich an und sagte: „Ich wollte soviel mit Ihnen besprechen und habe überhaupt nichts gesagt. Es war auch besser so! Wir beide wissen ja, wohin alles führen wird. Was soll man sich's durch Worte und Gedanken noch schwerer machen? Der Untergang ist nicht aufzuhalten. Darf ich wiederkommen?"

„Immer, mir tuts auch gut. Ändern können wir nichts. Aber geteiltes Leid . . . Sie wissen ja! Das nächste Mal gehen wir in den Wald." Auf dem kurzen Weg nach Guja sagte er: „In Ihrer menschenfernen Natur ist es gut sein. Ich wohne zu dicht an der Stadt. Da wird aller Unsinn und alles Falsche viel sichtbarer. Ich habe auch zu wenig zu tun, das bringt auf dumme Gedanken."

Als er vom Gujaer Hof den Berg hinab zum Wald

nach Hause fuhr, sahen meine Frau und ich ihm nach: „Wie war er denn“, fragte sie. „Als er vorhin hier am Hause vorbei zu dir ging, sah er ganz gebrochen aus, den Kopf gebeugt, als sähe er nur den Weg unter sich.“

„So ähnlich kam er auch bei mir an; es ist schlimm für ihn, daß er seine Hauptarbeit verloren hat. Sie haben ihm den einflußreichen Genossenschaftsposten in der Provinz genommen, weil er nicht Parteimitglied geworden ist. Aber dazu ist er zu ehrlich und zu klug. Jetzt muß er brachliegen und leidet darunter. Sein Gut Schönbrunn, dicht an Angerburg, ist keine ausreichende Arbeit für ihn. Das Genossenschaftswesen beherrschte er wie selten einer. Er kam heute von der Angerburger Maifeier unter dem Kreisleiter. Er suchte Menschen, wie er sagte. Dort hatte er keine gefunden. Es waren genug da, aber sie verstellten sich unter dem Druck der Partei.“

„Ich weiß“, sagte meine Frau, „Milthaler und du, ihr seht beide durch und das ist jetzt schwer. Heute bei dem Südwind waren den ganzen Tag Märsche und Lustigkeit zu hören, du hörst sie noch. Wer nicht durchsieht, kann das ertragen und ahnungslos mitmachen. Ihr beiden nicht. Gott weiß, wie lange das noch so weitergeht. Einmal werden die Nazis umsatteln müssen, hoffentlich nicht erst, wenn es zu spät ist.“

„Milthaler wird nie zu den Nazis gehen, aber schwer leiden. Und wie wird das Ende werden? Auch für uns?"
Nach diesen Worten gingen wir in unser stilles Haus, schlossen die Fenster zu dem herübertönenden „Ersten Mai" und öffneten die Türen zum See, von dem das Abendkonzert der Wasservögel herüberdrang. In früheren Jahren hatten uns diese Abendstunden auf der Terrasse mit dem Blick zu den Feldern und dem dahinterliegenden See oft durch die Weite der Landschaft gefesselt. An jenem Abend fand ich keine Ruhe. Ich ging wieder die drei Treppen hinab, an der Rawda entlang zum See und fuhr hinaus, bis ich mein Boot in einen Rohrhorst schob und die Runde Insel, das Wasser vor mir und die westlichen Hügel und Höhen mit den dunklen Tannen der Marschallsheide und des Bajohrer Waldes sehen konnte. Die Sonne neigte sich schon zu ihnen und die am westlichen Himmel schwebenden Wolken begannen langsam in zartem Gold und Rot zu leuchten. Lauter waren hier die Stimmen der Wasservögel. Überall kamen sie aus den Schilfufern heraus auf den stillen, blanken See. Möwen und Schwalben kreuzten schweigend durch die stille Abendluft. Kein Abendwerden ist dem andern gleich, jeder Sonnenuntergang etwas Besonderes! Und doch, auch dort am unerreichbaren Himmel, der sich über der Heimat spannt, ist alles vertraut, ist es so leicht, Gott zu finden, ihm zu danken, zu ihm zu beten.

Auch mein Weg würde geschützt sein durch den, der diesen Sonnenuntergang werden ließ, der dieses Land und diesen See sich in der Folge der geologischen Entwicklung hatte bilden lassen. Von ihm war ich hineingesetzt. Er hatte meine Sinne für das Aufnehmen und Verstehen all der Schönheit empfänglich gemacht und mir jetzt die erste ernste Hilfe gegeben, daß das alles nicht zu einem Götzen werden sollte. „Bist du bereit, gegen den Strom zu schwimmen, allein, auch wenn es um das Liebste, um deine Heimat geht?" Ohne mir damals über die wirkliche Schwere dieser Frage klar zu sein, hörte ich sie deutlich und wußte, daß sie ebenso meiner Frau galt. Wir sprachen später darüber. Für niemand konnte das Wort aus Archibald Douglas besser passen als für sie: „Der ist in tiefster Seele treu, der die Heimat so liebt wie du." In der Sicherheit — solange sie uns noch umgab — kam die Schwere des möglichen Zukunftsschicksals nicht zum vollen Bewußtsein. Das war gut so. Wir hatten jetzt Aufgaben zu erfüllen. Alles reifte folgerichtig heran. Zunächst war die weitere Arbeit für die Heimat ein trotz allem herrlicher Dienst.

Etwas aber fehlte mir: mein Schreiben. Gleichzeitig mit Hitlers Machtergreifung war mein erstes Guja-Buch erschienen; ein zweiter und dritter Band folgten. An einzelnen Stellen im Vorwort des zweiten Bandes hatte die Reichsschrifttumskammer Anstoß genommen. Sie verbot das Buch nicht, aber es durfte nicht empfohlen werden. Es folgten zwei andere Bücher, die nicht beanstandet wurden. Dann kam das Buch meiner Jugend und meiner Mutter, „Das gute Land" heraus. Der „Völkische Beobachter" hatte es sehr gut besprochen und nichts getadelt. Dem Verlag aber war von der Reichsschrifttumskammer das Buch wegen religiöser Tendenzen beanstandet worden. Auch eine verhältnismäßig große Feldpostauflage war herausgekommen. Verboten wurde „Das gute Land" nicht.

Da mir mein Schreiben in den schweren Nazi-Jahren gerade durch das, was ich schrieb, ein wunderbarer Ausgleich war, schrieb ich den „See der sieben Inseln", verlegte die Handlung auf den See bei Guja, der sieben urwüchsige, bewaldete Inseln besaß, sowie in seine Umgebung und zeitlich in den Übergang von Steinzeit zur Bronze, also vor Christi Geburt. Die Handlung spielte sich (besonders gegen das Ende der Erzählung) in einem Kampf zweier Volksstämme ab, in dem ich die Eindringlinge mit ihren mir nicht zusagenden Grundsätzen und unehrenvollen Kampfmethoden verlieren ließ. Der andere Stamm mit seinem redlich-menschlichen Denken und der Treue zu seiner Gottheit siegte.

Als wir kurz nach seinem Erscheinen auf unserem Hof in Kärnten waren, erhielt ich ein Telegramm vom Verlag, daß mein Buch von Himmler angefordert wäre. Ich kann den Wortlaut nicht genau angeben, entnahm ihm aber, daß der Verlag um mich besorgt war. Nicht gerade beglückt, aber auch nicht niedergedrückt verlebten wir unsere Urlaubstage. Kurz vor der Abreise traf vom Verlag die Nachricht ein: Himmler sei mit dem Buch einverstanden. Der Inhalt decke sich mit den Grundsätzen seiner SS. Geschrieben wurde es aber aus meinem Innern heraus als eine Art Erleichterung gegenüber dem Verhalten der von Himmler geführten SS. Es war zu befürchten gewesen, daß man meine Gedanken hätte verstehen können.

Ein Lichtblick

Das Reichsjagdgesetz von Forstmeister Scherping, dem Stabsleiter des Reichsjägermeisters Göring, war eine große und gute Tat. Nicht allein für die Jagd, sondern darüber hinaus für die deutsche Natur, unsere Wälder und die freien Tiere. Der Gaujägermeister Graf von Finkenstein aus Schönberg war für Ostpreußen die oberste Jagdbehörde. Er berief die Kreisjägermeister für die einzelnen Kreise. Für Darkehmen und Angerburg fand er keine geeigneten Persönlichkeiten und übergab sie mir. Leicht wurde mir die Zusage nicht. Ich tat es, weil es damals noch mehr Kreisjägermeister ohne Parteiabzeichen gab, und Guja wie auch Launingken unter meinen Augen blieben. Das Tausendjährige Reich war damals noch jung, von Konzentrationslagern und Judenvernichtung wußten wir nichts. So nahm ich die große Mehrarbeit um der guten Sache willen auf mich. Jagd ist ein heißes Eisen, das viel Menschenkenntnis und klare Sicht verlangt.
Als erstes mußten Fahrten durch die beiden Kreise gemacht werden, um mit den Jagdbezirken, den Hegeringleitern und der Jägerschaft bekannt zu werden.

Ein unangenehmes Amt war es nicht. Mit der grünen Farbe hatte ich immer gut gekonnt, mit den Bauern auch; weniger mit einem Teil der Standesgenossen. Direkte Schwierigkeiten hat mir aber niemand bereitet. Trotz fehlenden Hakenkreuzes spürte ich eine gewisse Zurückhaltung oder eine übertriebene Anerkennung für den Nationalsozialismus und seine Führer.

Auf einem anderen großen Jagdbezirk, von dessen Inhaber ich wußte, daß ihm das Hakenkreuz ein rotes Tuch war, bekam ich gleich bei der Ankunft ein lebhaftes Bekenntnis, das mich von seiner Führertreue überzeugen sollte.

„Wie dringend nötig und weise überlegt sei doch der Gruß ‚Heil Hitler' für diesen großen, so allein und exponiert stehenden Mann. Was laste alles auf unserem Führer und welchen Gefahren sei er dauernd ausgesetzt. Dieser Gruß sei wunderbar gewählt und ein wahrer Segen für uns alle."

Erstaunt über diese Worte verließ ich nach einigen kurzen Sätzen über jagdliche Dinge dieses Haus. Ich wußte, daß sein Besitzer das Gegenteil von dem gesagt hatte, was er wirklich empfand. Sympathischer wäre es mir gewesen, er hätte diesen Punkt ruhen lassen. Damals aber hatten schon Unaufrichtigkeit und Heuchelei eingesetzt. Sie sollten noch zunehmen.

Dann kam ich auf eines der größten Güter Ostpreußens. Sein Besitzer war einer von jenen groß veranlagten und furchtlosen Menschen in unserer Provinz. Er wohnte am großen Mauersee, umgeben von alten Eichen, mit weiten Ausblicken auf das blaue, kristallklare Wasser, nicht weit von Guja. Er war etwas älter als meine Mutter im nahen Doben und Partsch, den Besitzungen meines Großvaters Rudolf von Schenk zu Tautenburg, in früheren Jahrzehnten hatte ein reger Verkehr zwischen ihnen und dem Grafen v. Lehndorf bestanden. Er galt als ein Sonderling. Diese Bezeichnung traf aber auf ihn nicht zu — er war viel mehr.

Er empfing mich frei und offen. Ohne mit seinen Worten zu künsteln, sagte er, was er dachte. Er verletzte nicht und bemäntelte nicht, erkundigte sich nach meinen Befugnissen, wer über mir stände, wie lange ich dieses Amt bekleiden wolle. Ich sagte ihm: „Bis ich der letzte Kreisjägermeister in Ostpreußen bin, der ohne Hakenkreuz herumläuft." An seinem Blick und dem Händedruck spürte ich deutlich, daß er dachte: „Dann ist es gut."

Die ersten Wochen nach meiner Amtsübernahme war ich zu sehr eingespannt, kaum daß mir in Launingken und Guja die Zeit zu kurzen Besprechungen mit den Kämmerern und Förstern blieb. Für die zwei Ostertage machte ich mich frei von den jagdlichen Dingen und den Angelegenheiten des eigenen Betriebes, ging aber noch mit jedem Kämmerer durch die Ställe und Höfe, fuhr sie durch die Felder und Wiesen, durch den

Launingker und Gujaer Wald. Das war für uns alle eine Freude und als wir am Ostersonnabend gegen Dunkelwerden nach Hause kamen, lagen für sie zwei ruhige Feiertage vor ihnen — und auch für mich.
Die bisherigen Wochen hatte ich für meine Arbeit viel zu viel bei Jägern und Forstbeamten reden müssen. Nun fuhr ich am Ostermorgen mit meinem kleinen Segelboot zur größten Insel des Sees, dem Kostenhewel, nahe der Lachmöwenkolonie. Es waren zauberhaft schöne Frühlingstage mit lauem Südwind, klarblauem Himmel, der weißen und roten Blütenpracht des großen Lärchensporns, dem allerersten zarten Grün der Weidenbüsche am Wasser und dem jungen Aspenbestand auf der Insel. Kein Mensch war dort, Gesellschaft aber hatte ich genug: die vielseitigen Stimmen des Wasservogelvolkes, die schlagenden Nachtigallen, singenden Laubsänger, die jubelnden Buchfinken und einen Rehbock, der es bei Ausgang des Winters vorgezogen hatte, nicht über das Eis zu wechseln und lieber auf der Insel zu bleiben. Als die beiden Ostertage vorüber waren und ich an der Rawda entlang den Hügel zu unserem Haus emporstieg, sah ich zuversichtlich meinem weiteren Dasein und dem Tun und Treiben der Hitlerpartei sowie auch dem für mich nicht leichten Kreisjägermeisteramt entgegen.
Für dieses Amt besaß ich eine erfahrene und immer bereite Hilfe: Forstmeister Liebeneiner, der sein Revier in der Borker Heide mit ihren absichtlich un-

berührten „alten Jagen“ verwaltete. Wir sahen uns häufig. Seine immer heitere Art, seine Erfahrung in jagdlich schwierigen Dingen und sein Wohlwollen gegen mich haben mir die Kreisjägermeisterzeit sehr erleichtert. Auch heute noch versieht er sein Amt, nicht in Ostpreußen im Kreise Angerburg, sondern linksseitig der Elbe, dem Forstamt Dannenberg.

Für Göring als Reichsjägermeister und auch sonst hatte ich keine Schwäche. Aber immerhin war Scherpings Jagdgesetz von ihm angenommen und eingeführt worden. Soweit ich es von meinem Landleben aus beurteilen konnte, war er von vornherein nicht mit dem Führer zu vergleichen. Im Laufe der Jahre aber ist auch er diesem Menschen mehr oder weniger erlegen. Die Möglichkeit, die ihm vor der Ausführung des Nürnberger Urteiles gegeben wurde, selbst durch Gift aus dem Leben zu gehen, zeigt, daß er Sympathien besaß. Ich selbst habe ihn nie gesehen, niemals gesprochen und doch einen Einblick in eine Seite seines Innenlebens getan. 1938 hatte ich, wie schon erwähnt, „Das gute Land“ geschrieben, das Buch meiner Heimat, meiner Mutter, meiner Jugend. Ein stilles Buch ohne besondere Sensation.

Dieses Buch wollte Göring haben. Ein passionierter Jäger und Parteigenosse ließ sich zu dem Zweck von mir zwei Exemplare — eins davon für Göring — geben. Später erfuhr ich aus derselben Quelle, daß er „Das gute Land“, wenn er auf Reisen war, neben seinem

Bett auf dem Nachttisch liegen hatte und abends darin las. „Zwei Seelen wohnen, ach, in meiner Brust!"
Ich entsinne mich nicht mehr, ob ich volle zwei Jahre Kreisjägermeister in unseren beiden Kreisen war oder ein wenig kürzer. Jedenfalls bat ich den Gaujägermeister, mir das Amt abzunehmen. Ich hatte bei der letzten Kreisjägermeistertagung in der Provinz festgestellt, daß ich der einzige in ihren Reihen war, der kein Hakenkreuz trug. Ein zweiter Grund für mein Ausscheiden war eine langwierige Krankheit meiner Frau, die einen längeren Klimawechsel verlangte. Ich fuhr mit ihr nach Capri. Von dort schrieb ich an den Grafen Finkenstein. Scherping gegenüber fiel mir dieser Austritt schwer. Um seines Jagdgesetzes willen verehrte ich ihn und auch, weil er mich nicht zum Beitritt in die Partei gedrängt hatte. Mein Austrittsgesuch wurde genehmigt. Dann aber trat etwas ganz anderes, mit keinem Gedanken berührtes ein: Scherping berief mich in seinen Stab. Ich erhielt eine neue Uniform, aber keinen Spezialauftrag. Diese Behandlung meiner in der Öffentlichkeit nirgends hervortretenden Person beschämte mich. An sich lag mir gar nichts an einer Auszeichnung durch die Nazis. Von diesem Gesichtspunkt aus empfand ich die Berufung als nicht angenehm. Aber es war ja nur eine freundliche Geste von Scherping selbst gewesen. Ich schüttelte das andere ab und mußte in diesem neuen Kleid das erste und letzte Mal bei einem Vortrag über die in Deutsch-

land und Österreich erstmals von meinen Holzschlägern unter meiner Anleitung lebendig gefangene Birkenmaus in der Königsberger Universität auftreten. Zu meiner Freude hatte man auch die Holzschläger eingeladen und meinen besonders verehrten und lieben Amtsgerichtsrat Dr. Friedrich Tischler aus Heilsberg mit seiner Frau. So winzig und für die meisten Menschen nebensächlich diese kleinste unter den Mäusen auch war, fand mein Vortrag doch Anklang und an manchen Stellen lange anhaltenden Beifall. Kurz vorher war mein kleines humorvolles Buch „Alles um eine Maus" über diese Birkenmaus herausgekommen.

Als 1945 der Krieg verloren und die bedingungslose Kapitulation gekommen war, wurde auch der Schöpfer des deutschen Reichsjagdgesetzes in ein Lager gebracht. Aber Franzosen und Engländer holten ihn bald heraus. Sie hatten erkannt, welchen Geistes er war. Nachdem dann wieder mehr Ruhe und Ordnung in das niedergebrochene Deutschland einkehrte, leitete Scherping in Bonn die Bundesstelle des Deutschen Jagdschutzverbandes in der Drachenfelsstraße 3. Dort habe ich ihn aufgesucht und mehrfach mit ihm über jagdliche Dinge sprechen und korrespondieren können. Im Jahre 1956 veranstaltete er eine Internationale Jagd- und Jagdkunst-Ausstellung in Düsseldorf. Auch das verstand er großartig. Die Ausstellung wurde ein großer Erfolg, genau wie die unter seiner Leitung in

Berlin-Halensee noch unter Göring aufgebaute, auch internationale Ausstellung.

Von Scherping war auch meine Frau mit ihren Tierbronzen zu der Ausstellung aufgefordert worden. Es war uns gelungen, den größten Teil davon noch rechtzeitig vor dem Zusammenbruch aus Ostpreußen zu einer hilfreichen Bekannten am Chiemsee zu senden. Da wir nach der überstandenen Flucht sehr knapp mit dem Geld waren, bat ich, nur das zur Ausstellung senden zu brauchen, was von der Jury genommen werden würde; für Zurückgesandtes mußte man selbst die Fracht tragen. Scherping antwortete: „Alles senden, was Sie haben, Ihre Frau macht ja keine moderne Kunst, bei der man nie weiß, soll es eine liegende Jungfrau sein oder ein Autounglück." Wir schickten daraufhin alles, vom Zaunkönig bis zum Mammut. Als wir selbst dann hinfuhren, lag bei dem Kolkraben die goldene Medaille und der kleine Zaunkönig war verschwunden. Scherping hatte ihn heimlich in die Tasche gesteckt. Er gestand: „Ich gönnte ihn keinem andern." Am 15. November 1958 ist Scherping gestorben. Leicht ist sein Leben nicht gewesen.

Das Gewitter

Spätzeiten der Völker sind gottferne Zeiten. In ihnen geht es von einem falschen Geleise in das andere. Würde ein Volk in seiner Spätzeit zu Gott zurück oder ihn lebendig neu finden, erhielte es inneren Halt und würde wieder stark. Das Sendezeichen des Deutschlandsenders wiederholte täglich viele Male: „Üb immer Treu und Redlichkeit." Haben jene, die ihm dieses Zeichen verliehen hatten, Treu und Redlichkeit geübt? Die Lüge war am Platz und wurde immer spürbarer. Eine Staatsführung mit solcher Einstellung kann sich nur durch Gewalt, Verbreitung von Furcht und schließlich durch Terror am Ruder halten und dies nur auf beschränkte Zeit. Das einfache deutsche Volk besitzt ein Riesenmaß von Geduld, Fügsamkeit und Hoffnung auf bessere Zustände. Es gibt seinen Regierenden immer wieder Zeit und Gelegenheit, sich aufzufangen, zu säubern, wahr zu werden. Ab und zu aber will und muß es seine Hoffnung auf Gerechtigkeit gestärkt sehen, sonst wird es unzufrieden, oder — wenn es zu stark geknebelt ist — stumpf. Druck auf der einen Seite, bewußt als Ausgleich geschürte materielle Lebenslust auf der anderen, hatten sich von Jahr zu Jahr verstärkt. Nach der scheinbar überstandenen Kriegsgefahr im Herbst 1938 erreichten sie ihren Höhepunkt im folgenden Sommer.

Für uns brachte dieser Sommer die schwerste und intensivste Arbeit. Sie wurde durch die immer spürbareren und drohenderen Kriegsvorbereitungen gesteigert und erschwert. In Launingken war eine große, durch Feuer zerstörte Scheune im Neubau und auf der Ziegelei ein fast ebenso großes Vorrats- und Trockengebäude für die Ziegelei. Die Bauten gingen zunächst mit unseren eigenen Menschen gut vorwärts und wären bis zur Ernte fertig geworden, wenn nicht ständige Einberufungen, wie es damals hieß „zu militärischen Übungen", diese Arbeiten verzögert hätten.

Auf den Feldern stand eine gute Ernte. Vor unserem hochgelegenen Hause in Guja leuchtete die goldene Breite des fast reifen Roggens, dahinter schimmerten die grünen Wiesen. Der Boden hatte durch sauberes Ackern und gute Behandlung Kraft. Dadurch überwanden die Fruchtarten leichter ungünstige Witterungszeiten. Sie waren widerstandsfähig und blieben gesund. Die Ernteerträge zeigten in den letzten Jahren große Regelmäßigkeit. Die drei Herden gaben viel Milch. Ihr Erlös bildete den ausgleichenden Grundstock für die laufenden Ausgaben der Wirtschaft. Im Wald waren die notwendigen Läuterungs- und Durchforstungshiebe beendet. Sein gutes Wachstum ließ mich froh an meinen Vater und Großvater denken. Nun lagen die Gräber von beiden im Launingker Garten auf dem hohen Ufer der Angerapp.

Wenn ich in Königsberg zu tun hatte, verließ ich die alte Pegelstadt nie, ohne meine beiden dort wohnenden gleichgesinnten Freunde aufzusuchen: Helmuth Scherwitz, den Inhaber der alten Königsberger Samen- und Getreidefirma, und Oberlandforstmeister Hämmerle. Mit ihnen war ich durch geschäftliche Interessen verbunden, viel mehr aber noch durch unser persönliches Verhältnis. Herrn Scherwitz suchte ich in seinem großen Geschäftshaus nahe bei dem altertümlichen Speicherviertel am Königsberger Hafen auf. Bei ihm war ich in den besten Händen mit fast allen Erzeugnissen unseres Betriebes und ebenso mit dem, was ich von seiner Firma für Launingken und Guja brauchte. Am Nachmittag, bevor mein Zug ging, war ich dann noch bei ihm und seiner Familie im blühenden Garten oder in seinen gemütlichen Räumen.

Er lebte in der Welt, kam viel in das Reich und in das Ausland. Wenn ich ihn fragend ansah: „Kann es noch gut gehen?", schüttelte er den Kopf. Seine lebhaften Augen zwinkerten: „Wie soll es? Bei dem Unsinn, der gemacht wird?" Wir sprachen von unseren Söhnen, die immer wieder in schweren Kämpfen standen. Die verwundet wurden und doch bald wieder hinaus mußten. Die ihr Leben freudig einsetzen sollten und es auch taten im Glauben an und für Deutschland.

Es war ein fein ausgeklügeltes System, das keinen Deutschen, besonders die Jugend nicht zur Ruhe kommen ließ. Viele ernste Gespräche führten wir. Wenn man durchsah, konnten sie nicht anders sein?
Meine Freundschaft mit Oberlandforstmeister Hämmerle stammte aus dem grünen Wald. Wenn er auf seinen Dienstreisen in der Marschallsheide war, blieb er bei mir zur Nacht. Am nächsten Tage fuhren wir durch unser Revier. An den verschiedenen Beständen, jedem einzelnen gut wachsenden Baum und jeder neuen Kultur konnte er sich freuen. Sein Wesen hatte etwas Losgelöstes, über der Zeit Stehendes. In seiner Gegenwart lernte man, daß der Wald ein anvertrautes Pfand war, Generationen überdauerte und noch viele überdauern würde. Darum hatte manches Gespräch unter den grünen Kronen oder über den kleinen Pflänzchen der Kulturen auch einen tieferen Sinn. Es war klar, daß wir uns in der Beurteilung der Zeiterscheinungen in unserem Volk trafen. Auch er ging einen verborgenen Leidensweg wie so viele, besorgt um das kommende deutsche Schicksal. Dieses Sehen und Nicht-helfen-Können drohte seine aufrechte Persönlichkeit zu zerreiben. Ihm unterstanden alle Privatwaldungen der Provinz, es war ein wichtiges und einflußreiches Amt. Aber Parteimitglied war er nicht. Er wollte vor sich selber geradestehen können und nahm für seine Familie und sich die Gefahr in Kauf, eines Tages brotlos zu sein. — In einem später folgen-

den Kapitel, das ich im Februar 1943 geschrieben habe, ist mancher Gedanke wiedergegeben, den wir beide im stillen, verschwiegenen Wald ausgesprochen haben. Befreien konnten wir uns gegenseitig nicht.

Hämmerle besaß Humor. Der half ihm oft in den schwersten Lebenslagen. Bei einem Waldgang wegen der besonders stark auftretenden Borkenkäfer, die durch die Rinde der Bäume bis auf das frische Holz dringen, hatte er einen alten, erfahrenen Holzschläger mitgebracht. Die vom Käfer befallenen Bäume müssen gefällt und zur richtigen Zeit von der Rinde befreit werden. Das ist am wirkungsvollsten, wenn die Eier der Käfer erst vor kurzem ausgekommen sind. Dann vertrocknen die winzigen Schädlinge und kommen um. So werden Zeit und Arbeit beim Verbrennen der Rinde gespart. Wie weit die junge Brut entwickelt ist, läßt sich aber erst beim Abschälen der Borke beurteilen. Als Hämmerle nun mit dem Alten von Stamm zu Stamm der gefällten Bäume ging, diese mit seinem Schälmesser anschnitt, kamen die verschiedenen Entwicklungsstadien der Borkenkäfer zum Vorschein. Der Holzschläger, der Humor und weitgehende Kenntnisse in der Forstwirtschaft besaß, zeigte erst auf die ganz hellweiße Brut unter einem Rindenstück und sagte: „Das ist noch ganz jung und ungefährlich, das verkommt von selbst, wenn das freigelegt wird.“ Beim nächsten Stamm waren die Käfer schon ziemlich ausgewachsen und hellbraun. Das Gutachten des Alten lautete: „Das ist die SA, da müssen wir aufpassen, daß sie nicht erst schwarz werden." Beim dritten Versuch waren die Käfer ausgewachsen, sehr rege und schwarz. „Das ist SS! Das ist sehr gefährlich, das muß sofort vernichtet werden!" Der Holzschläger hatte Hämmerles Einstellung richtig erkannt!

Je unruhiger die fortschreitenden Wochen jenes Sommers wurden, je offenbarer ich das Treiben zu einem Kriege bei der Partei sah, um so düsterer lagerte diese Einsicht über meiner Arbeit, über unserem ganzen Leben. Schwarze Wolken, aus denen jeden Augenblick der Strahl der Blitze zündend und zerstörend niederfahren konnte. Dieser Zustand hätte Lust und Kraft zur Arbeit lähmen können. Aber das ging in unserem großen Betrieb nicht an. Die vielen Menschen, die in ihm arbeiteten, seine Werte, die zum großen Teil in Tieren — also in lebenden Wesen — bestanden, machten ihn zu einem feinen, leicht verstimmbaren Instrument. Es durfte kein Nachlassen geben.

In jenem Sommer zog es mich unwiderstehlich in die weite Stille des Sees, zu seiner Tierwelt und zu dem Ausgleich, der darin lag, daß er ganz unverfälschte Natur geblieben war. Er eignete sich nicht für die Menschen, zu moorig, zu flach und zu verwachsen war er. An seinen sumpfigen, verschilften Ufern gab es keine Spaziergänge mit Ausblicken auf das Wasser. Von den entfernteren Hügeln sah er den Menschen schön aus in seiner Vielgestaltigkeit durch Inseln,

Landzungen und Schilfkulissen. Von dort aus hatten sie ihn gern und störten seine Tierwelt nicht. Auf ihm lebten Vogelarten in solcher Zahl und solchen prächtigen Einzelstücken, wie es nur noch an wenigen Stellen in unserem Lande der Fall war.
Aber auch hieran ging diese Zeit nicht vorüber. Im Brutgebiet der Kraniche ließ sich ein HJ-Lager nieder. Statt der melodischen Rufe der Vögel klangen jetzt von dort Trompetensignale und Marschlieder, störte die grellrote Hakenkreuzfahne das urweltliche Seengebiet. Doch das Jugendlager mußte wieder gehen. Zuviele Menschen kannten den See und meine Bücher und traten für seine Unverletzlichkeit ein. Die vielen Flieger aber, die ihn sich als Übungsplatz gewählt hatten, blieben. Das aufreizende Motorengedröhne riß nicht mehr ab. Es übertönte alle Vogelstimmen und sang einen erbarmungslosen Kriegsgesang. Es war der Auftakt, die Vorbereitung für das, was kommen sollte.

Ich erinnere mich eines Hochsommermorgens am See. Hell und klar war die Sonne aufgegangen. Die Lachmöwen riefen, sie rüsteten zur Übersiedlung an den Ostseestrand. Milane und zwei Adler begannen über den Inseln zu kreisen. Die nicht mehr ferne Zeit der Herbstwanderung lag ihnen im Blut. Da kamen die Sturzkampfflieger, übten knatternd und heulend über dem See. Vertrieben waren die ruhigen Flugspiele der großen Vögel. Ich saß in meinem Boot in der Mündung des kleinen Flusses und dachte mit Unmut an die sich düster vorbereitende Zukunft. Da fiel mein Blick auf einen großen schwarzglänzenden Kolbenwasserkäfer. In dem auf das Flußufer scheinenden frühen Morgensonnenlicht klomm er langsam an einem Schilfhalm empor, bis er das Wasser verlassen hatte und im warmen Lichte dasaß. Er wollte auf die Wanderschaft, nicht schwimmend durch den großen See, sondern mit Hilfe der Flügel viel schneller durch die Luft. Ich sah, wie er sie langsam löste, ausbreitete und — um freien Platz zu haben — höher an dem Halm hinaufstieg. Die durchsichtigen Unterflügel kamen hervor. Sie falteten sich, begannen zu schlagen, der Rohrhalm federte leicht zurück — und schon flog der Käfer wie ein großer dunkler Edelstein über die Seeufer hin. Ihn störten die heulenden Flugzeuge nicht. Er tat unbekümmert, was die Natur in ihn hineingelegt hatte. Seine Welt fühlte er nicht gestört. An jenem Morgen war mir der Käfer ein Trost. Zwar kann man sich nicht auf das Niveau eines Käfers herabdrücken und das Unangenehme einfach nicht bemerken. Aber was einem zu tun bleibt, das soll man tun! Für das Weitere wird gesorgt werden.

Auf dem Rückwege am Rawda-Flüßchen entlang, versuchte ich, meine Eindrücke von den Sturzkampffliegern abzuschütteln und das Kriegsgebaren in Ostpreußen aus meinen Gedanken loszuwerden. Vielen meiner Landsleute machte es schwere Sorgen. An den Landesgrenzen nach Rußland zu sind die Menschen für alles, was nach Krieg aussieht, sehr hellhörig. Ein klarer Sonnentag nach dem anderen war ohne jede Freude dahingegangen. Der tiefblaue Himmel über Wald, See und Feldern, die großen Wiesenflächen zwischen den hügligen Ackerschlägen wären des frohen Denkens und Glücklichseins wert gewesen. Wir alle in Launingken und Guja wären in jenen Wochen mit den Ernteaussichten und bei aller Arbeit zufrieden gewesen, wenn nicht immer wieder Einberufungen zum Militär an meine Leute gekommen wären. „Abschütteln, alles abschütteln und vertrauen, trotz allem", sagte ich mir immer wieder.

Da drang ein klarer Kranichruf von den Wiesen am Walde zu mir, hell wie ein Trompetenklang. Zwei alte und zwei junge Kraniche standen dort, gleich darauf kam meine Frau auf ihrem Hengst *Audra* unter den tiefbeasteten Tannen und hohen Eichenstämmen aus dem Wald galoppiert. Die Kraniche erhoben ihre Hälse, äugten zu ihr hin und ästen weiter. Der Schrei, den ich gehört hatte, war keine Meldung von Gefahr, mehr eine Mitteilung und zugleich eine Beruhigung des alten Männchens an seine Familie. Rasch wie der „Sturmwind" (dieses Wort bedeutete das litauische *Audra)* war meine Frau bei mir. Nur das Flüßchen trennte uns. Sie gab dem Hengst die Zügel frei und ließ ihn grasen.

„So früh heute schon", rief ich ihr zu. „War es schön im Wald?" — „Herrlich! Die weichen Waldwege,

Audra so gehlustig, der Wald ganz still, nur Rehe habe ich gesehen. Das ‚Tag und Nacht' blüht an den Wegen und Türkenbund im Schluchtenweg. An Großmutters hoher Kiefer fängt auch das Heidekraut schon an. Wo gehst du jetzt hin? Nach Hause?"

Ich nickte ihr zu. Getrennt durch das Flußbett gingen wir nach Guja, und mir war leichter um das Herz.

In jener Zeit erwachte ich eines Morgens durch fernes Donnergrollen. Schwül und windstill war die Nacht gewesen. Selten drohend und schwarz zog von Westen her ein Gewitter über die Marschallsheide gegen Guja auf. Vom reinen östlichen Himmel ließ die Sonne ihr warmes Morgenlicht über den See fluten, über die reifen Getreidefelder, den grünen Wald und die roten Dächer unseres Hofes. Um so schwärzer wirkte die Gewitterwand. Senkrechte Blitze durchschnitten sie, trotz der hellen Sonne gleißend wie Feuerbänder. Das Rollen der stärker werdenden Donnerschläge ließ keine Pause entstehen. Die Gegend, über die das Gewitter zog, mußte auf alles gefaßt sein. Morgengewitter waren bei uns am gefährlichsten. Vor Guja würde es sich vielleicht durch den Wald teilen. Auch erlosch an unserem See oft die Gewittertätigkeit, um erst hinter ihm wieder aufzuleben. „Wenn ich doch nur mit der Natur zu tun hätte", ging es mir durch den Sinn. „Mit dem, was sie bringt, würde ich fertig werden, wenn nötig, mich willig beugen. Das Unwetter, das die Menschen vorbereiteten, ist viel schlimmer. Es entbehrt aller Großartigkeit, von der die Geschehnisse in der Natur begleitet werden. Es trifft wie diese die äußeren Dinge, aber es verwirrt auch die Seelen."

Ich ging auf den Hof, wo noch Stille vor der Arbeitszeit herrschte. Die Schwalben fingen ihre Mücken niedrig über der Erde, glitten durch die offenen Stalltüren und Fenster zu ihren Nestern und den bettelnden Jungen. Im Storchnest auf dem höchsten Dach standen die vier fast erwachsenen Jungstörche. Blendend weiß stachen ihre hellen Federn von der jetzt ganz nahen, schwarzen Gewitterwand ab. Die Donnerschläge waren hart, die Blitze heller als das Licht der sich rasch verhüllenden Sonne. Jeden Augenblick konnte ein Sturm losbrechen, ein Wolkenbruch die reifen Felder vernichten. Die Schwalben stießen ängstliche Rufe aus. Sie waren plötzlich alle verschwunden und hatten die schützenden Ställe und ihre Nester aufgesucht. Da bildete sich eine helle Himmelsstelle über dem Walde. Die Marschallsheide teilte das Gewitter. Blitz und Donner hörten am See auf. Zu beiden Seiten zog das Wetter lautlos herum. Nur wenige Tropfen fielen. Hinter dem See vereinigten sich die Wolkenhälften und wieder fuhren die Blitze senkrecht zur Erde. Jetzt mußte das Gewitter über Launingken kommen. Ich ging in das Haus, wo bald darauf die Glocke des Telefons läutete. Mein Bruder rief an: In Launingken stünde durch den Blitz ein großer Stall in Flammen und wäre nicht zu retten. Er barg sämtliches Vieh von zwanzig Arbeiterfamilien. Mein erster Gedanke war: Kann das Unwetter des Krieges auch um Guja herumziehen und es auslassen? Es wird nicht möglich sein, trotz aller Liebe, die auf ihm ruht, trotz aller Schönheit, die Gott ihm verlieh, wird es mitgerissen werden, mitleiden und mit seinen Menschen zum Märtyrer werden müssen.

Noch ein paar Wochen vergingen. Wie der Segen der Erde hatte das reife, schwere Getreide sich über unserem Land gebeugt. Das meiste war geborgen. Da brach Hitler den Frieden der Welt und den Stab über unser Volk. In einem Taumel der Begeisterung, geschürt durch Reden von Goebbels und Marschmusik begab Deutschland sich auf den Weg zu unerhörtem Ruhm, zu noch nie erreichter Größe!

„S' ist Krieg! O Engel Gottes wehre
Und rede du darein.
S' ist leider Krieg, und ich begehre
Nicht schuld daran zu sein."

Matthias Claudius

Unsere Zigeuner vom Eulenhof

Jenseits der Marschallsheide, des großen, westlich von Guja gelegenen Waldes, stand allein ein altes Haus, das den Namen „Eulenhof" trug. Er paßte zu seinem Äußeren, seiner Lage in der Einsamkeit und den Bewohnern: einem Großelternpaar, sechs Töchtern mit Schwiegersöhnen und einer großen Kinderschar — alle echte Zigeuner. Meine Frau und ich pflegten einen lockeren Zusammenhalt mit ihnen, auch unsere beiden Kinder nahmen teil daran: Frau Florian, die alte Zigeunermutter, hielt es mit meiner Frau, die Schwiegersöhne ihrer Pferde wegen mit mir, die vielen Kinder mit unseren beiden, Harro und Owanta.

Zigeuner sind Menschen mit eigener Art und Lebensweise; daran halten sie, durch zivilisierte Länder wandernd, fest. Manche von ihnen bleiben auch länger an einem Ort und unternehmen von ihm aus kürzere Wanderfahrten. Nur selten werden Zigeuner gern gesehen. Oft tut man ihnen unrecht und gibt sich erst gar nicht die Mühe, sie zu verstehen. Nur selten wird Zigeunern eine Freundlichkeit zuteil. Man schiebt sie ab, weil man ihnen nicht traut. Aber meine Frau hatte

Verstehen für sie und vertraute ihnen. Nie sind wir enttäuscht worden. Von Zeit zu Zeit gaben sie ihrem Wandertrieb nach, saßen aber auch monatelang auf ihrem Eulenhof und suchten sich Arbeit, wo sie gebraucht wurden. Bei uns in Guja besaßen sie gewisse Vorrechte. Sie durften an unseren Wegen die Grabenränder mit ihren Pferden abweiden, in unserem Wald sich um ein Feuer lagern, wenn die Jahreszeit nicht zu trocken war, aber nicht weiterziehen, bevor es gelöscht war. Auch konnten sie, wenn es knapp bei ihnen zuging, zu unserem tüchtigen Kämmerer gehen, der zugleich Förster war, ihn um Häcksel und etwas Hafer für die Pferde bitten. Er war gut zu ihnen. Aber die Lagerfeuer im Walde liebte er nicht und hatte von seinem Försterstandpunkt aus recht damit.

Die alte Frau Florian hatte das gute Herz meiner Frau rasch erkannt; aber nie war sie aufdringlich, sie kam mit ihren Wünschen immer nur in längeren Abständen. Längst hatte sie gespürt, daß das Wohlwollen meiner Frau größer war als das unserer Wirtin in der Küche. Deshalb setzte sie sich auch immer — still und geduldig wartend — auf eine der beiden Bänke, die um zwei Lindenbäume liefen, rechts und links von unserer Haustür zum Hof. Dort zog sie sich ihr Umschlagtuch fester um die Schultern und wartete ergeben, bis sie von uns bemerkt wurde. Zu allen Jahreszeiten sahen wir dieses Bild vor unseren Fenstern. Oft setzte sich meine Frau zu ihr. War es kalt, holte sie die

Alte ins Haus. Sie sprachen dann über das Zigeunerleben und meine Frau erkundigte sich nach Kindern und Enkeln. Ihr Interesse für die Zigeuner war groß. Sie besaß ein objektives, sehr gutes Buch über sie, beobachtete ihr naturnahes Leben mit vielen feststehenden und besonderen Gewohnheiten und Gebräuchen, die sie im Laufe langer Jahre sich angeeignet hatten. Eine der Töchter von Frau Florian war von meiner Frau sehr gut modelliert worden. Sie hatte während der Sitzungen vieles von ihr erfahren. Die Zigeuner, mit denen wir in unserem Leben zu tun gehabt haben und die einmal Vertrauen gefaßt hatten, brachten uns nie eine Enttäuschung.

Als unsere Kinder noch klein waren und jeden Vormittag durch unseren Wald in die Schule nach Groß-Guja liefen, war es für sie und uns eine Freude, mit unseren Schecken zuerst denselben Weg und dann noch weiter durch den Wald nach der kleinen Stadt Drengfurt zu fahren, um Einkäufe zu machen.

Schon für meine Mutter war dies eine Kindererinnerung gewesen. Die Zigeuner aber waren erst später im Eulenhof eingezogen. Der letzte Einkauf vor unserer Rückfahrt nach Guja war immer eine große Tüte frischgebackener Semmeln für den Eulenhof. Waren wir schon auf der Hinfahrt von ihnen bemerkt worden, dann standen die Kinder wartend vor dem Haus, lachten, freuten sich, liefen neben unserem Wagen oder Schlitten her und fingen geschickt die zugeworfenen Brötchen auf. War das Wetter schlecht und kalt, wurden wir auf der Hinfahrt nicht bemerkt. Leer und still blieb es um das Haus. Durch die zugefrorenen Fenster konnte niemand hinaussehen. Einer von uns mußte dann aussteigen und in das Haus gehen. Schon um der Freude willen tat es jeder gern. Noch heute sehen wir unseren Sohn, wenn er auf Urlaub war, sich diesen Besuch nicht nehmen lassen. Die Zigeunermutter lag der Kälte wegen meist unter einem dicken karierten Federbett. Man drückte eine Vertiefung in die Federn, schüttete die Semmeln hinein und ließ der Alten das Verteilen. Immer blieb die große Freude gleich, bis Hitlers Rassenwahn auch dieses entlegene, versteckte, niemand Schaden zufügende Völkchen erreichte und umbrachte.

Er war dreister und selbstherrlicher geworden nach seinen militärischen Erfolgen. Die SA veranstaltete keine Sonntagsmärsche mehr in die Kirchen wie am Anfang. Gerüchte über Konzentrationslager gingen um. Es war streng verboten, über dergleichen zu sprechen. Wer sich dennoch aus innerster Empörung dazu hinreißen ließ, mußte selbst damit rechnen. Die Zerstörung der jüdischen Gotteshäuser in der Kristallnacht war ihm dank der blind ergebenen SS und SA und vieler Mitläufer gelungen. Alle Maßnahmen gegen Widerstände wurden ein enges Netz, gegen das sich nur der auflehnen konnte, der mit schlimmsten Folgen für sich

und seine Angehörigen rechnete. Wer aber, der Frau und Kinder besaß, wollte und konnte das?
Ich kann Selbsterlebtes nur über Ostpreußen sagen. Ich weiß auch, daß es bei uns am allerschlimmsten zuging. Das lag an unserem Gauleiter. Niemals werde ich bei der Tyrannei, unter der wir damals in Ostpreußen zu leben gezwungen waren, eine Kollektivschuld für mich oder mir Gleichgesinnte anerkennen! Allmählich wußte niemand mehr, was über uns hereinbrechen würde. Als es dann aber hereingebrochen war, stieg die Scham auf, nicht vor sich selbst, sondern darüber, daß Menschen aus unserem Volk solche Verbrechen und Grausamkeiten vollbringen konnten. Doch viele sind zu Anfang hineingeraten, ohne vorauszusehen, wohin sie geführt wurden. Gingen ihnen dann die Augen auf, war es zu spät. Attentate, versteckte Bomben, heimliches Gift und dergleichen lehnte und lehne ich auch heute noch ab. Würde aber meine Verzweiflung über die Zustände in unserm Vaterland so groß geworden sein, daß Mitleid mit den Verfolgten und Gequälten mir nur die eine letzte Möglichkeit ließe, unser Volk zu befreien, dann jedenfalls nur so, daß ein Fehlschlag unmöglich wäre und auch ich mit Sicherheit in den Tod ginge.
Als am zwanzigsten Juli 1944 die Bombe platzte — nur wenige Kilometer von unserem Guja entfernt —, war das kommende Ende schon vorauszusehen. Wir hätten damals von unseren Gegnern durch ein ge-

glücktes Attentat keine Milde mehr von der Welt zu erwarten gehabt. Dazu war zuviel geschehen. Eine bedingungslose Kapitulation war nicht mehr abzuwenden; die letzten furchtbaren und sinnlosen Zerstörungen in Deutschland durch Hitler und seine ihm ergebenen Führer indes wären vielleicht vermieden worden.

In jenen Tagen hörte ich im Radio Churchill von England aus deutlich sprechen: Der Krieg würde weitergehen. Mit einem „Pardon" wäre nicht zu rechnen. Jetzt, wo die deutsche Führung anfinge, sich gegenseitig umzubringen, sei der Sieg nicht mehr fern. Deutschland müsse bezahlen. Das war ein durchaus logischer Standpunkt für die Engländer und auch für die anderen Völker, die alle nur von außen nach Deutschland hineinsehen konnten, aber viel zu wenig oder nichts von den wahren Zuständen bei uns wußten. Wir in dem gequälten Ostpreußen lebten sogar in der Hoffnung, von ihnen aus den Qualen und Ungerechtigkeiten befreit zu werden. Was ich aber noch weiter von Churchill hörte, war die erste massive Drohung, daß wir Ostpreußen für die Untaten Hitlers mit unserem so furchtbar schwer leidenden Lande würden bezahlen müssen. Selbst unsere Polen hofften und glaubten, daß die Amerikaner Ostpreußen besetzen würden, um uns von den Grausamkeiten der Partei und den niemals durch unsere Bevölkerung gereizten Russen zu befreien. –

Als damals unseren Zigeunern der Untergang zugedacht worden war, stand es für unser schönes Land noch nicht auf Untergang. Das dauerte noch lange. Aber für jene kam das Ende rasch. Unerwartet saß an einem Tage bei Kälte und eisigem Wind Frau Florian auf der Lindenbank. Sie hatte ihr Tuch fest um die Schulter geschlagen, weinte und weinte, brachte aber kein Wort heraus. Als sie sich schließlich gefaßt hatte, drängten sich Not und Angst aus der gequälten Brust. Die sechs Schwiegersöhne waren vor einiger Zeit abgeholt und in ein Arbeitslager gebracht worden. Nur selten hatten sie geschrieben. Jetzt war ein Päckchen gekommen, es enthielt die Asche des einen Schwiegersohnes. Die Alte weinte wieder und schluchzte: „Was fang ich an mit der Asche? Sie sollen mir die Söhne zurückgeben! Von was sollen die Kinder leben? Die Töchter arbeiten und betteln. Aber es langt nicht. Warum nehmen sie die Söhne weg? Sie haben nichts Schlechtes getan!"

Meine Frau versuchte zu trösten, so gut sie es vermochte. Aber was konnte das helfen? Ein Eingreifen gab es nicht. Mir ahnte nichts Gutes, weil ich durch meine aus dem Felde auf Urlaub kommenden jüngeren Arbeiter mehr und mehr sich verschlimmernde Gerüchte über das Vorgehen der SS und des SD gegen Juden, gefangene Russen und auch Zigeuner hörte. Es dauerte nicht lange, dann kam die Asche des zweiten Schwiegersohnes, dann des dritten und schließlich von allen. Die Alte war totunglücklich. „Sie waren gesunde und noch junge Männer", klagte sie vor sich hin. Sie konnte ihr Sterbenmüssen nicht fassen, nicht verstehen.

Auch sonst wurden die Gerüchte immer grausiger. Wir hörten von den Konzentrationslagern für Juden und andere, die sich aufgelehnt hatten. Sie waren nicht willig gewesen, Unrechtes zu tun, oder in Verdacht geraten, gegen den Hitlerstaat zu sein. In Angerburg gab es wenige Juden. Sie waren alteingesessen in der kleinen Stadt und hatten dort in Frieden gelebt. In Hitlers Augen aber galten sie schon um ihrer Existenz willen als des Todes schuldig. Ich erfuhr in jener Zeit, daß der Angerburger Jude und Pferdehändler Lehmann in Bedrängnis sei, weil ihm der Pferdehandel verboten worden war. Er und seine Frau litten Not. Seit vielen Jahren bezog ich meine Arbeitspferde von ihm. Niemals hat er mich zu übervorteilen versucht. Bei jedem Verkauf eines Pferdes an mich war es ihm am liebsten, wenn ich es auf mehrere Tage zum Ausprobieren in das Gespann nahm, in dem es bleiben sollte. Geld nahm Lehmann immer erst, wenn ich das Pferd fest gekauft hatte.

In normalen Zeiten hatte er genügend Geld gehabt. Sein Pferdegeschäft war gut gegangen. Ich wunderte mich, daß er nun gar nichts mehr besitzen sollte. Wahrscheinlich hatte man ihm längst sein Konto gesperrt. Jetzt war kalter Winter. Die beiden alten Leh-

manns froren. Sie hatten weder Holz noch Kohlen. Die Frau war krank und am Erblinden.
Von unseren Polen, die ich als Zwangsarbeiter sowohl für Guja wie für Launingken zugeteilt bekommen hatte und die alle fleißige, geschickte und gute Menschen waren, führte der eine ein vierspänniges Gespann. Er war sofort bereit, am nächsten Morgen drei Raummeter gutes Klobenholz aus dem Wald zu holen, nach Angerburg zu bringen und bei Lehmann abzuladen. Der Weg dorthin und zurück betrug dreißig Kilometer. Am Abend kam der Pole zu mir und sagte in seinem gebrochenen Deutsch: „Hat sich alles gut gegangen. Ich Lehmann helfen Holz unter Dach". Die Polen kannten meine Einstellung, sprachen aber nicht darüber. Nur Roman sagte ungefragt von Zeit zu Zeit leise und unter vier Augen: „Hitler niemals gewinnen. Kann nicht gewinne. Aber wenn Russen hier kommen, nicht gut! Amerikaner besser! Hoffe, daß Amerikaner werden kommen!"
Es war mir klar, daß sich diese nicht zu verbergende Hilfsaktion für Lehmann herumsprechen würde. Dem mußte ich vorbeugen, so gut es ging. Ich hatte wegen meiner Betriebe weiter mein Auto und fuhr nach Angerburg zum Kreisbauernführer. Ich sagte ihm von der Notlage Lehmanns und meinen früher guten Beziehungen zu ihm. Weil solche Hilfeleistungen an Juden von der Partei scharf verurteilt wurden, war ich auf Unangenehmes gefaßt, erlebte aber etwas ganz an-

deres. Der Bauernführer stand auf, gab mir die Hand und sagte: „Ich danke Ihnen, daß Sie es getan haben. Lehmann war reell, auch mir hat er nur gute Pferde verkauft."
Dieser Bauernführer war ein Nachbar, nicht weit von Launingken, ein Mensch mit Herz. Aus seinen Augen sprach noch mehr. Aber zur Nebenstube war die Tür nur angelehnt. Angerburg besaß lange Zeit einen sehr scharfen Kreisleiter.
Leider war es nicht möglich, den beiden Lehmanns für länger zu helfen. Frau Lehmann starb bald nach meiner Holzsendung. Der Mann, ohne Geld, in die Verzweiflung getrieben, erhängte sich auf dem Boden seines Hauses. In seiner Jugend war Lehmann Soldat gewesen, einer von seinen Söhnen oder sogar beide hatten das Eiserne Kreuz aus dem Kriege 1914/18.

Lehmann war mir durch viele Jahre ein Freund gewesen. Sein Äußeres und seine jüdische Sprache sind mir unvergeßlich. In einem bescheidenen, kleinen Einspännerwagen fuhr er auf seine Handelstouren. Immer saß er schräg auf dem harten, schmalen Sitz, so, daß er noch die hinter ihm am Wagen angebundenen Pferde mit halbem Auge sehen konnte, die einfache Peitsche im Arm. Von ihr trennte er sich nie. Stieg er aus, ging er zur Kundschaft oder in Ställe, immer war die Peitsche sein Begleiter; auch wenn er bei uns in der Veranda Mittag aß, stand sie an der Stuhllehne hinter seinem Rücken.

Ihm hatte ich auch im Jahre 1914 im Krieg meine Kenntnisse über seine jüdischen Kollegen in Radom beim Beschaffen fehlender Pferde für unser Kolonne zu verdanken. Lehmann war wie viele seiner Volksgenossen ein Jude von der alten Art, der weder Mühe und Anstrengung noch Wetterunbilden scheute. In jedem Herbst — etwa im September — ging er zu Fuß über die russische Grenze und holte sich eine große Herde dort von seinen polnischen Lieferanten angekaufter Gänse. Langsam trieb er sie bis in unsere Gegend. Überall war er auf diesen Wegen drüben und bei uns bekannt. Er trug einen langen Hirtenstab, am oberen Ende mit einer eng zusammengebogenen Krücke, wie sie auf alten biblischen Bildern bei Abraham, Isaak und Jakob zu sehen sind. Den Stock gebrauchte er nicht als Stütze für sich, sondern um die von den Käufern gewünschten Gänse mit der Krücke geschickt aus der Herde herauszufangen und zu sich heranzuziehen. Der dicke Gänsekopf saß fest darin. Hatte er seine wochenlange Wanderung beendet und Angerburg wieder erreicht, war auch die große Gänseherde ausverkauft. Lehmann war müde, aber gesund, braungebrannt von der Septembersonne und wie seine Frau zufrieden mit dem Verdienst.

Es war und ist nicht so, wie Hitler in seinem Buch „Mein Kampf" — und auch sonst — unserem Volk einzureden versucht hat, daß die Juden nicht arbeiten, von Betrug und Übervorteilung leben und Geldgeschäfte betreiben, bei denen sie die Partner hineinlegen. Ich kannte die Juden in Ostpreußen und auch an anderen Stellen Deutschlands. Von Ende 1914 bis zum Frühjahr 1918 war ich in Rußland und habe immer wieder beobachten können, daß viele der dortigen Juden Handwerker waren, als Glaser, Maler, Fischer und in anderen Berufen tätig. Wenn Juden bei uns in Ostpreußen Kaufleute waren und sich heraufarbeiteten, so gelang ihnen das nicht durch Lug und Trug, sondern durch Kulanz, gute Ware und das Bemühen, den Kunden alles zu besorgen, was diese wünschten, auch wenn es sie noch so viel Mühe kostete. Das schien fast wie eine Tradition im jüdischen Handel. Auch bei den Juden gibt es schlechte Menschen wie in allen Völkern, aber ihre Sünden reichen nicht an das heran, was in der NS-Zeit geschah. Nun bleibt kein anderer Weg, als die Judenverfolgung Hitlers immer wieder gutzumachen, soweit es irgend geht. Dadurch allein aber werden die Tatsachen nicht vergessen!

Kehren wir zurück zu unserem Zigeunervölkchen vom „Eulenhof". Wochen waren vergangen, seit Frau Florian nicht mehr bei uns gewesen war. Ein strenger Winter mit tiefem Schnee in den Wäldern und hohen Schneeschanzen auf dem freien Land hatten den Verkehr fast lahmgelegt. Und doch stand die Alte dann einmal unerwartet in unserer Veranda. Sie hatte sich keine Zeit genommen für ihren Platz unter der Linde: nicht der Kälte wegen, sondern aus Angst. Scheu blickten ihre Augen nach draußen den Weg hinab, den sie gekommen war, ob ihr jemand folgte. Die Tränen liefen über ihr abgehärmtes Gesicht. Zitternd vor Kälte und Sorge brachte sie nur mit Mühe die Worte hervor: „Der Herr Führer hat befohlen, daß wir sterben müssen. Wir sollen nach Polen gebracht werden. Polizei beobachtet uns. Keiner darf aus Eulenhof fortgehen. Ich habe mich heimlich in den Wald gestohlen und bin zu Ihnen gelaufen. Ach, helfen Sie uns! Sie waren immer gut zu uns. Sie werden sich erbarmen. Auf Ihrem Nebengut Neuguja steht doch eine Wohnung leer, nehmen Sie uns doch dorthin. Wir wollen arbeiten für Sie, was Sie verlangen. Wenn wir nur nicht mit den kleinen Kindern in der Kälte nach Polen müssen zum Sterben. Und wie zu sterben?" Fragend sah sie uns voller Todesangst in die Augen. Mir schnürte es die Kehle zu. Ich konnte nicht sprechen. Meine Frau weinte.

Unter dem Hitler-Regime war jede Hilfe unmöglich. Bei der schon zur Überwachung eingesetzten Polizei durfte es kein Erbarmen etwa dadurch geben, daß dreißig Zigeuner nach unserem Vorwerk gebracht würden. In Neuguja hatten wir vier Familien wohnen. Wie sollten wir da heimlich dreißig Menschen unterbringen? Die eingesetzte Polizei haftete mit ihrem eigenen Leben. Nun waren die bisherigen Gerüchte über das Verfahren mit Juden und Zigeunern plötzlich auch bei uns zu furchtbaren Tatsachen geworden.

Was mir in jenen Minuten am schwersten wurde, war

die stille, ergebene Einsicht der alten Frau, als ich ihr die Lage klarmachte. In ihrer Angst war sie nur auf benähten Strümpfen durch den Wald zu uns gelaufen, bloß von dem Gefühl getrieben: sie waren früher gut gegen uns, sie werden auch jetzt Rat wissen! Frau Florian ging. Sie hatte verstanden. Die Polizeiposten um den Eulenhof machten ihr für den Rückweg neue Angst.

Ich bangte um den Seelenzustand meiner Frau. Als der Abtransport der Zigeuner geschehen war, zu Fuß bei zwanzig Grad Kälte, tiefem Schnee und unzureichender Kleidung bis zu einer entfernt liegenden Bahnstation, entschloß ich mich, Guja mit ihr für einige Zeit zu verlassen. Wir fuhren nach München, das sie der Kunstschätze wegen gern sah. Auch stand dort die große Frauenkirche, die wir liebten, wenngleich wir evangelisch waren. Schon am Vormittag nach unserer Ankunft ging ich dorthin, erfüllt von dem Wunsch, in der Abgeschlossenheit der Mauern, in denen soviel Bitten, Klagen und Ängste zu Gott aufgestiegen waren, Erleichterung zu finden. Die letzten Tage in Guja, die dunkle Zukunft, die schlaflose D-Zug-Nacht, die Bilder, die man immer vor sich sah von dem Todesweg unserer Zigeuner mit den Kindern und von dem, was dann kam, im ungeheizten Viehwagen und jenseits der Grenze, ließen mich nicht zur Ruhe kommen. Unsere Zigeunerfrauen mit den Kindern und der alten Mutter waren vielleicht schon erlöst!

Aber nun wußten wir, daß die Gerüchte über schreckliche Qualen in den Konzentrationslagern Wahrheit waren, das Töten der Juden und vieler Russen in der Ukraine. Wenn das alles möglich war, mußte auch auf Wahrheit beruhen, was ich in Berlin erfahren hatte, als ich im gleichen Jahr für meinen verstorbenen Schwiegervater bei der dortigen Dresdner Bank sein Testamentsvollstrecker sein mußte. Die Bank hatte mir freundlicherweise für meine Arbeitszeit bei ihr einen ihrer Direktoren beigegeben. Da mehrere Fahrten nach Berlin für mich nötig wurden, lernte ich diesen Herrn näher kennen und verstehen. Gleich am ersten Tage fielen mir seine schneeweißen Haare bei dem sonst jugendlichen Gesicht auf. Als wir uns besser kannten, sprach ich ihn darauf an.

„Meine weißen Haare", gab er zur Antwort, „stammen aus jüngster Zeit." Gleichzeitig bekamen seine Mienen einen gequälten Zug. Nach kurzer Pause sprach er weiter. „Ich habe seit einiger Zeit ein furchtbares Amt. Auch meine empörte Bank konnte daran nichts ändern. Die Befehle an sie kamen direkt von der Partei. Sie kennen den Davidstern, den jeder Jude tragen muß. Alle Juden in Berlin sind registriert. Sehr viele von ihnen sind Kunden unserer Bank. Ihre Vermögensverhältnisse liegen bei uns vor. Der Abtransport der Berliner Juden ‚zur Endlösung' hat begonnen. Ich habe bei unserer Bank die geldliche Abwicklung für diese unglückseligen Menschen durch-

zuführen. Was ich dabei an furchtbaren Tragödien und Szenen ansehen muß, hat meine Haare schnell so weiß gemacht. Nicht, daß diese Menschen sich von ihrem Gelde nicht trennen wollten, solche Empfindungen haben sie längst nicht mehr. Was sie und mich quält, ist die nackte Angst vor dem, was ihnen bevorsteht.
Zunächst muß jeder Jude seinen Abtransport zum Sterben in den Konzentrationslagern teuer bezahlen. Bei der Preisfestsetzung sprechen die Höhen der Vermögen mit. Der einzelne Mann würde für sich selbst vielleicht damit fertig werden. Aber er muß es für seine Familie mittun, für Kinder klein und groß, für die eigenen Eltern, und dabei bricht dann der ganze Schmerz und Jammer hervor. Ich ertrage es kaum noch. Alles ist Lug und Trug in diesem Hitlerstaat, gepaart mit solcher Kälte und Grausamkeit, wie sie schlimmer nicht erdacht werden können. Wenn hier für einen Zug die für den Abtransport aufgerufenen Juden bei uns abgefertigt sind, haben sie sich auf dem ihnen bezeichneten Berliner Bahnhof zur Abfahrt einzufinden. Dort stehen D-Züge, warm und ordentlich. Aber nur bis Jüterbog fahren die Insassen darin. Dann müssen sie heraus in kalte Güterwaggons. Meines Wissens kommen diese Transporte in die Tschechoslowakei. Dort gehen die Grausamkeiten weiter, Verringerung der warmen Kleidüng und anderes. Sie werden jetzt verstehen, wovon ich weiß geworden bin. Irgendwie muß ich jetzt aus dem mir furchtbar gewor-

denen Berlin heraus, sonst geht man an zuviel Grausamkeit, mit der man indirekt verbunden ist, zugrunde."
Als meine Frau und ich damals nach dem Abtransport der Zigeuner von Guja in München angekommen waren, hatte ich sie in unserem alten Hotel zu Bett gebracht und war allein zur Frauenkirche gegangen. Ich konnte nicht schlafen. Die Last der Zeit lag einem zu schwer auf. Unwillkürlich wurden meine Schritte zu der Frauenkirche schneller. Ein Gefühl der baldigen Geborgenheit in ihr erschien mir als Wohltat. Als ich aber meine Hand auf den von vielen Händen blankgeputzten schweren Messinggriff legen wollte, zog ich sie unwillkürlich wieder zurück. Eine große Leere war plötzlich in mir: Was willst du hier und was erwartest du? Ist nicht alles, was bisher in Deutschland geschehen ist, von Gott zugelassen worden? Welchen Trost soll ich meiner Frau aus dieser Kirche mitbringen, wenn auch in ihr alle schweigen müssen? Unschlüssig stand ich da. Wieder öffnete sich die Tür. Ein Kirchenbesucher trat heraus auf die Straße. Ganz leer schien die Kirche, aber ein gewaltiges, nie so gehörtes Orgelspiel klang durch den Türspalt. Die vollen Töne beruhigten meine Gedanken. Wer die Orgel spielte, konnte ich nicht sehen. Noch nie vorher oder nachher habe ich solche Musik vernommen. Es war, als führte sie mich irgendwie in die Freiheit. Ohne Überlegung kamen mir die Worte: „Mein Gott, gib mir eine Offenbarung

über die Zukunft dieser Zeit, damit wir Frieden finden können." Im selben Augenblick drangen mit den stärker und stärker werdenden Tönen diese hier folgenden Worte klar und deutlich an mein Ohr: „Ich werde sie zerschmettern! Weinen werden die Menschen, die das Kommende erleben werden, aber nicht aus Mitleid, nicht aus Genugtuung, sondern überwältigt durch die Folgen. Dieses Gericht wird lange anhalten. Einmal aber wird es übergehen wie das jetzt gewaltige Brausen der Orgel in einen klaren, alles durchdringenden Ausklang: Das ist der Tag des Herrn!"

Vierundzwanzig Jahre sind seit dem Morgen in der Frauenkirche vergangen. Auch heute noch — 1966 — tagen deutsche Gerichte über die Taten in jener Zeit. Viele Nachforschungen, Mühe und Arbeit werden immer noch aufgewandt, um Klarheit, Gerechtigkeit und äußeren Ausgleich herbeizuführen. Es ist keine leichte und keine gute Arbeit für diejenigen, die die Aufklärungen herbeiführen sollen. Um der Wahrheit willen aber muß es so geschehen. Es wäre ein falscher und unaufrichtiger Zustand, wollte man soviel wie möglich von jenen weit zurückliegenden Taten heute unterdrücken, um sie nicht immer wieder der Welt vor Augen zu führen. Eine Kollektivschuld aller Deutschen trifft nicht ganz zu, weil es viele gab, die wirklich nicht gewußt haben, was geschah. Der Kollektivscham aber kann sich niemand entziehen, der sein Volk und Vaterland geliebt hat, noch liebt und weiter lieben wird.

Die Möglichkeit eines Wieder-Gutmachens sehe ich in absehbarer Zeit nicht.
Hitler und Goebbels haben gegen das Ende ihrer Epoche alles darangesetzt, das ganze deutsche Volk vor der Welt schuldig zu machen. Ich habe ihre Reden selbst gehört. In ihrer Idee sollte alles mitzugrundegehen, genau wie sie selber. Dies wurde am Schluß des „Tausendjährigen Reiches" ihre letzte böse Tat. Ihr Wunsch ist nicht gelungen. So behält Deutschland Zeit, seine guten Eigenschaften wieder an den Tag zu legen. Ob diese meine Ansicht richtig ist, kann nur der beurteilen, der die ganze Hitlerzeit von den ersten Anfängen bis zu ihrem Ende nicht nur in Deutschland, sondern in Ostpreußen auf dem Lande erlebt hat.

Betriebsausflug

Wir hatten — wie schon erwähnt — noch einen kleineren Besitz in Südkärnten, dort wo die österreichischen Slowenen wohnen. Wenn unsere Zeit es erlaubte, fuhren wir gern mit der Bahn (nie im Auto) dorthin, um nach dem Rechten zu sehen. Auf der Hin- oder Rückreise benutzten wir die Gelegenheit, mit Bekannten oder Verwandten westlich des polnischen Korridors und in Süddeutschland Verbindung zu pflegen. Dabei empfanden wir deutlich während der ganzen Nazi-Zeit, daß wir östlich des Korridors, aber noch mehr in Ostpreußen selbst, von der Partei viel härter und rücksichtsloser behandelt wurden, als es in Mittel- und Westdeutschland geschah. An der ostpreußischen Bevölkerung lag das nicht, weder an dem deutschen, noch masurischen, noch litauischen Teil, sondern einzig und allein an dem Gauleiter unserer Provinz, der aus der Rheingegend stammte. Ihm war selbst Hitler in den ersten Jahren zu „schlapp". Ich kenne einen diesbezüglichen Ausspruch von ihm.

Über Ostpreußen sind viel mehr Kriege hinweggegangen als über das westliche deutsche Land. Im Volk und besonders auf dem Lande lebten genug Erinnerungen an schwere Zeiten. Im Krieg 1914/18 waren sie wieder lebendig geworden durch Flüchtlingselend, Verschleppen nach Rußland, viele Brände und Erschießungen unschuldiger Menschen. Von solchen Dingen hat Westdeutschland nichts zu spüren bekommen.

Das Gros unserer ostpreußischen Bevölkerung war friedlich, wollte Ruhe haben und seine Arbeit tun. Siebenundfünfzig Jahre habe ich in Ostpreußen gelebt. Meine beiderseitigen Eltern und Voreltern sind seit Jahrhunderten dort gewesen. Viele von ihnen waren Pfarrer und Landwirte. Ein Bischof von Sanden hat 1701 im Königsberger Schloß Friedrich den I. zum König gekrönt. Die Vorfahren meiner Mutter waren aus Thüringen von der Tautenburg um 1500 in Ostpreußen eingewandert.

Aus dem hier Erwähnten — einschließlich meiner eigenen Lebensjahre, in denen ich bis zur Vertreibung Ende Januar 1945 immer mit ostpreußischen Landarbeitern zu tun gehabt habe — nehme ich mir das Recht zu einer Beurteilung des ostpreußischen Menschenschlages. Ausnahmen gibt es überall, sie konnten auch bei uns vorkommen.

Je länger die Hitlerzeit währte, desto notwendiger wurde es, die von meiner Mutter ererbte Heiterkeit, die Hoffnung auf Besserwerden, kurz gesagt den Optimismus hochzuhalten. Ein Betriebsausflug war dazu passend. Meine Frau und ich bemühten uns, bei dem

Ausflug unseren Leuten einen schönen Tag zu bereiten. Zwar wurden mit jedem Jahr die Maßnahmen der Partei in Ostpreußen schärfer, die Gesamtlage und der Gesinnungsdruck schwerer. Das Leben und die Arbeit in Launingken und Guja ließen sich aber durch unser gutes Verhältnis immer noch ertragen: das lag an einer von beiden Seiten erstrebten Einheit und Einigkeit der Arbeiterschaft und uns. Zwar hatte ich in Launingken auch einen nationalsozialistischen Betriebsrat von Parteimitgliedern, aber er trat wenig in Erscheinung und wenn er es tat, dann in harmlosen Angelegenheiten, wie vor einem Betriebsfest oder bei anderen internen Dingen unpolitischer Art. Betriebsfahrten wurden von der Partei einmal im Jahr gewünscht. Die übliche Rede fiel mir dabei zu.

Ich mietete einen Dampfer auf den Masurischen Seen und dazu eine Militärkapelle aus Angerburg. Mit Treckern oder langen vierspännigen Erntewagen kamen die Teilnehmer zum Angerburger Hafen. Guja und Launingken trafen dort zusammen. Alle kamen, zum größten Teil mit Frauen: die Kämmerer, die Handwerker, die Land-, Wald- und Ziegeleiarbeiter, Hilfen aus dem Hause und zwei Parteifunktionäre aus den beiden Kreisstädten Angerburg und Darkehmen von der Arbeitsfront. Diese Stellen haben mir nie Schwierigkeiten bereitet.

Meine Frau unterstützte mich in ihrer klugen und

fröhlichen Art. Alles setzte sich zwanglos, wie jeder wollte. Der Dampfer war geräumig, die große Militärkapelle spielte gut und fleißig, ohne dazu ermuntert zu werden. Die Kehlen wurden feucht gehalten. Über den lichtblauen See schien die Sonne. Zuerst ging es durch den großen Mauersee an der Insel Upalten vorbei, vorüber an Steinort des Grafen Lehndorf, dann durch den Dober Teil des Mauersees in das tiefe Taltagewässer. Durch die Stadt Lötzen kamen wir in den Löwentinsee, dann in den langen, schmalen Jagodenersee, weiter durch Kanäle, kleinere Seen nach dem Marenenstädtchen Nikolaiken und in den größten der Masurischen Seen, den Spirding. Manchmal wählten wir auch eine andere Tour zu dem besonders reizvollen Niedersee mit einem Abstecher zu der raschen, kristallklaren Crutinna, über deren Wasser sich die hohen, grünen Kronen der Ufererlen und Weiden schlossen. Alle diese Gewässer waren gesund und klar, dazu immer wieder Wälder auf dem hügeligen Land bis zu den Ufern. Es war so nicht schwer, eine harmonisch-fröhliche Stimmung zu halten, immer Neues zu sehen, dazwischen zu essen, zufrieden und fröhlich zu sein.

Auch die Parteileute, sie gehörten ja nur zu den kleinen, waren gut aufgelegt. Sie sahen das vertraute, offene und freundliche Verhältnis zwischen uns und unseren Leuten, den Hilfskräften, den Frauen, den Jugendlichen. Sie fühlten, daß dieses Verhältnis von

beiden Seiten echt war und aus dem Herzen kam. Der Leiter der Arbeitsfront aus dem einen Kreis kam zu meiner Frau und drückte sein Erstaunen über das aus, was er hier sah. Seine Worte waren: „Dies ist genau das, was wir überall anstreben, was so schwer zu erreichen ist — und hier geht es von selbst!"
Mir hatte die Art des Umganges nie Schwierigkeiten bereitet. Man kann mit allen normalen und einfachen Menschen der verschiedensten Völker gegenseitiges Verstehen finden. Nur ein wenig Herzenswärme für den anderen und die Türen öffnen sich. Bis zum letzten Tage, an dem wir alle auseinandergerissen wurden, ist dieses Verhältnis geblieben. Von meinen Eltern hatte ich es übernommen. Es war ihr Segen, der uns dieses sichere Haus erbaut hatte.
Wenn wir auf solchen Fahrten unser Ziel erreicht, uns gestärkt und getanzt hatten, kam für mich ein kritischer Punkt. Einer der Teilnehmer half mir, einen festen Tisch zu dem größten freien Platz auf dem Hinterdeck zu tragen. Das war das Zeichen, daß nun meine Rede kommen sollte. Bald war alles versammelt. Ich stand sichtbar für alle auf dem Tisch. Bei solchen mehr oder weniger angenehmen Anlässen ist es für alle Teile hilfreich, ein freundliches Lächeln zu zeigen. Es erleichtert die schwierigsten Aufgaben und erweckt Sympathie.
Geredet mußte werden! Die Partei wollte hören, was und wie es gesagt wurde. Mit dem schönen Wetter,

der guten, mitreißenden Musik, dem Sonnenschein und den frohen, zufriedenen Gesichtern fing ich an. Dann kam ich auf unsere Aufgaben und Arbeiten in den Betrieben, lobte mit vollem Recht den Fleiß, die Erfolge in den verschiedenen Arbeitszweigen, den treuen Einsatz aller trotz Krieg, mancher Schwierigkeiten und Sorgen, hob diese und jene Einzelheit aus dem letzten Jahr hervor und besonders das gute, sich gegenseitig in die Hand arbeitende Verhältnis aller. Ich sprach von den Männern im Krieg, die es viel schwerer hätten als wir und immer wieder von Neuem Gefahren gegenüberständen. Ich sagte, wie bevorzugt wir seien, selbst in so schwerer Zeit die Möglichkeit zu einer frohen und gefahrlosen Fahrt zu haben, und endete mit dem Hoch auf den Führer!

In der Zwangslage, in der ich mich befand, fühlte ich mich bei und nach diesem Pflichtakt in keiner Weise belastet. Meine Menschen kannten mich. Der größte Teil beurteilte meine innere Einstellung richtig und die Parteifunktionäre hatten den Abschluß mit dem dreimaligen Tusch auf den Führer. Sie zeigten Zufriedenheit bis zum Ende der Fahrt. Die Musik ließ nicht nach. Einigen von den älteren Arbeitern sah ich an, daß sie gern mit mir sprechen wollten, aber sie waren vorsichtig und schwiegen lieber. Gut, daß die einfachen Leute das Fest genossen und die erleichternde Gabe besaßen, nicht zu weit voraus zu denken.

Wenn es anging, legten wir solche Jahresfahrten in eine Zeit, in der unsere beiden sonst nicht mehr zu Hause weilenden Kinder dabei sein konnten. Bei unserem Sohn ging das später nicht mehr. Er war als Leutnant beim Militär und schon mehrfach verwundet. Unsere Tochter aber, die in München studierte, kam, wenn es irgend möglich war. Ihr Akkordeonspiel pflegte die an sich schon gute Kapelle immer noch besser in Schwung und Rhythmus fortzureißen.

Am Schluß der eben geschilderten Betriebsfahrt kamen die beiden Funktionäre der Arbeitsfront zu meiner Frau und mir. Es war damals von der Partei ein neuer Ansporn für Betriebe auf dem Lande gefunden worden: als höchste Auszeichnung die Verleihung einer goldenen Fahne! Sie wurde uns auf jener Fahrt angetragen. Es gelang mir abzulehnen, ohne eine Verstimmung hervorzurufen. Hätte ich die Auszeichnung angenommen, so wäre es, abgesehen von meiner Unaufrichtigkeit, der erste Anlaß geworden, unseren Betrieb und damit auch mich herauszustellen. Das war nicht das Richtige. Ich hatte kein Hakenkreuz. Meine Leute haben sich diese Ablehnung in der rechten Weise gedeutet. Mich selbst aber hatte noch ein anderer Grund für die Ablehnung bestärkt. Zwei Mitglieder des Launingker und Gujaer Betriebsrates, die als hitlertreue Parteimitglieder galten, waren kurz vorher auf der Fahrt zu mir gekommen und hatten mir gesagt: „Herr von Sanden, das mit der goldenen Fahne, das wollen wir nicht. Das macht uns nur Scherereien und unnütze Arbeit." Sie kannten sich selbst und kannten mich. Damit war dieser Vorschlag abgetan.

Bald darauf trat eines jener vielen Ereignisse in damaliger Zeit an mich heran, die einem das Durchhalten und die Hoffnung auf eine bessere Zeit so erschwerten. Es war mir nun einmal nicht gegeben, nur das zu glauben, was uns vorgetäuscht wurde, und all das Quälende gegen Recht und Barmherzigkeit, gegen Menschlichkeit, gegen Gott und Christus, als unwahre Gerüchte abzutun.

Wenige Tage nach der Betriebsfahrt kam der erste Lehrer unserer nahen Volksschule zu mir. Er besaß ein Amt in der Partei, meiner Erinnerung nach war er Propagandaleiter. Er hatte den Auftrag, mich zum Beitritt in die Partei aufzufordern. Wenn ich ablehnte, sollte ich meine Gründe dafür angeben. Es war seit der Machtergreifung durch Hitler die dritte oder vierte gleiche Anfrage an mich. Der Lehrer wußte genau, wie ich dachte, und war selbst seit langem sehend geworden. Wir besuchten uns ab und zu und sprachen offen miteinander. Nun, bei unserem letzten Beisammensein — wir machten eine Fahrt auf dem See zu den Netzen — klagte er mir ohne Zurückhaltung sein eigenes Leid. Er muß sich in meinem Boot auf dem Wasser freier und unbeobachtet gefühlt haben.

„Wissen Sie, was ich jetzt tun muß und was genau beobachtet wird? Wenn der Schulrat zu mir in die

Klasse kommt, stellt er seine Fragen an die Kinder selbst. Ich habe den Auftrag, für den Krieg zu begeistern, und zwar so, daß er in den Kindern zu einem Wunschtraum wird. ‚Der Krieg sei der Vater aller Dinge!' Meine Gedanken suchen und suchen nach einem Ausweg, aus diesem Auftrag herauszukommen. Ich möchte mich widersetzen, so etwas zu lehren, möchte aus der Partei herauskommen, meinetwegen das ganze Lehramt niederlegen; aber dann holen sie mich — und was wird aus meiner kränklichen Frau? Ich finde keinen Weg, auf dem ich aus diesem Auftrag herauskomme. Aber ich fühle, daß ich daran zugrunde gehen werde."

Ich glaubte ihm. Sein Aussehen, der Ausdruck seiner Augen und seine Stimme sprachen zu deutlich von seiner Notlage. Es war derselbe Lehrer, der uns im April 1914 nach unserer Hochzeit mit seinen Schulkindern beim ersten Empfang in Guja mit frohen und schönen Volksliedern gegrüßt hatte, der oft in meinem Boot saß und jetzt als Verzweifelter vor mir stand. Auch ich wußte keinen Ausweg für ihn.

Als wir wieder an Land waren, erinnerte er mich an meinen Bescheid für die Kreisleitung. „Ohne Ihre Antwort darf ich mich dort nicht zeigen." Schon lange hatte ich auf etwas Derartiges gewartet und brauchte jetzt nicht erst zu überlegen. „Sagen Sie bitte so: Meine religiöse Einstellung wäre derart, daß sich die Partei, wenn ich erst Mitglied geworden sei, nachher doch über mich ärgert. Deshalb ist es besser, wenn mein Beitritt unterbleibt."

Der Lehrer wollte diese Worte genau so an die Kreisleitung weitergeben und hat es auch getan. Ich habe mich aber über die Wirkung nicht mehr mit ihm unterhalten können. Kaum waren wenige Tage nach der Seefahrt vergangen, da erfuhr ich, daß er einen Schlaganfall erlitten und die Fähigkeit zu sprechen, wie auch die Worte, die er sagen wollte, aufzuschreiben, verloren hatte. Gelähmt war er nicht. Ich fuhr noch am selben Tage zu ihm. So schnell war das gekommen! Es ging mir ans Herz, wie er sich abmühte zu sprechen und doch kein Wort herausbrachte.

Seiner klugen, sehr begabten Tochter gelang es später, die Eltern vor den furchtbaren Zuständen beim Einbruch der Russen zu bewahren und sie nach Westdeutschland zu bringen. Als auch wir im Juli 1946 nach Westdeutschland kamen, erfuhr ich seine Adresse und daß er lebte. Es hätte mir sehr viel daran gelegen, ihn wiederzusehen, aber ich habe es nicht geschafft. So ist es mir mehrfach ergangen. Wir hatten weder Geld noch Bewegungsfreiheit, uns fehlte selbst die Möglichkeit, ein wieder erträgliches Dasein aufzubauen. Heute sind zwanzig Jahre vergangen. Wir haben wieder eine Position, für die wir dankbar sind. „Aber es sind weder die alten Straßen, noch die alten Häuser, auch die alten Freunde sind nicht mehr."

Noch heute sehe ich jenen Dorfschullehrer aus der

Heimat deutlich auf seinem Lager vor mir, als ich mich bei jenem Besuch verabschieden wollte. Ein leises, friedliches Lächeln stand auf seinem Gesicht, besonders in seinen braunen Augen. Der rechte Arm und die Hand hoben sich von der Decke und führten eine sanfte Wellenbewegung aus. Ich verstand: „Ausgleichen, Gott wird ausgleichen." Sein ihm so liebes, damals so schwer gewordenes Lehramt war beendet. Gott aber war ihm näher gekommen, wie auch mir und vielen anderen in jener immer schwerer werdenden Zeit.

Polnische Zwangsarbeiter

Im August 1939 begann Hitler den Krieg mit Polen. Der Terror, den er an unseren Grenzen mit Strafgefangenen, als Polen getarnt, vom Zaune gebrochen hatte, sollte alles verschleiern. Ich mußte aber in jener Zeit mehrmals durch den polnischen Korridor nach Berlin fahren und habe dabei festgestellt, wie der wahre Sachverhalt war. Danach dauerte es auch nicht mehr lange, bis die schwer mit Bomben beladenen deutschen Flugzeuge über Guja hinweg in Richtung Warschau flogen und in unserem hochgelegenen Haus die Fenster von dem Dröhnen der schwer belasteten Motoren klirrten.

Bald nach Beendigung des Polenkrieges bekam ich vier polnische Soldaten für Guja zugeteilt. Drei davon sind bis zu unserer Vertreibung am 22. Januar 1945 bei mir geblieben. Unter ihnen befand sich auch Roman. Der vierte, ein großer, starker, verheirateter Mann, litt schwer an Heimweh. Als etwa eineinhalb Jahre vergangen waren und ein kurzer Urlaub möglich geworden, bat ich bei der Kreisleitung für ihn darum. Er wurde genehmigt. Der Pole reiste ab und kam nicht wieder. Es gab keinen Ärger mit der Partei, nur hatte ich einen Arbeiter weniger und bald auch einen zweiten. Denn Roman brach sich ein Bein. Ich schickte ihn in das Angerburger Krankenhaus, aus dem er, gut behandelt und geheilt, zurückkam. Er war ein zuverlässiger, aufrichtiger und sehr geschickter Mensch, von Beruf Tischler, in Guja aber bald ein eingearbeiteter Gärtner.

Da immer mehr von meinen deutschen Arbeitskräften zum Militär einberufen wurden, erhielten wir weitere Polen, nicht Gefangene, sondern Zivilisten, die — aus Polen zwangsverschickt — überall hinkamen, so auch nach Guja und Launingken. Sie blieben alle ohne Ausnahme bis zum bitteren Ende in Ostpreußen. Auf beiden Gütern gab ich ihnen eigene abgeschlossene Wohnungen. Durch einen meiner zuverlässigsten Arbeiter, den Deputanten und Treckerführer August Schwittkowski, erhielten sie ihre Lebensmittel, von den Oberschweizern täglich Milch. Bei Kontrollen durch die Partei verhielten sie sich klug und bescheiden. Wenn gute Arbeit von ihnen verlangt werden sollte, mußten diese Menschen satt werden. Es hat niemals Ärger gegeben. Bei Beschwerden sollten sie zu mir kommen, was aber nie geschah.

Hitler hatte seine besondere Rassentheorie. Polen und Deutsche durften nie an einem Tisch essen. Bei uns kam es ganz von selbst nicht dazu. Für die Bauern war es schwieriger. Sie hatten meist nur einen Polen, den sie an ihren Tisch nahmen. Kamen aber Parteikontrollen, gab es Ärger. Den Bauern, die mit diesen Leuten arbeiteten, leuchtete die scharfe Trennung nicht ein.

In Guja nahm ich meine Polen in ein kleines Haus auf dem Hof, in dem sie allein für sich wohnten. Nur das Atelier meiner Frau lag unverschlossen an der gemeinsamen Haustüre unter demselben Dach. In den letzten Kriegsjahren war ich in Guja fast nur auf meine Polen angewiesen. Es war ein leichtes Umgehen mit ihnen. Sie arbeiteten stetig und zuverlässig, auch wenn sie sich selbst überlassen blieben. Schließlich hatte ich an den drei großen Milchherden, die zusammen einen hohen Wert darstellten, keine Deutschen mehr, nur noch Polen, lauter junge Menschen, die ohne jede weitere Aufsicht in Launingken und Guja arbeiteten. In normalen Zeiten war auf jedem Hof ein Kämmerer für den Gang der Wirtschaft verantwortlich. Für die Milchherden als einen besonders erlernten, wertvollen Wirtschaftszweig aber hatte jeder Oberschweizer selbst aufzukommen. Je nach Größe der Herde arbeiteten sie mit drei bis sechs Untermelkern.

In den letzten Zeiten des Krieges stand ich allein mit den jungen Polen und den Herden. Zuverlässig, sich gleichbleibend, versahen sie ihre Arbeit. Sie besaßen Fingerspitzengefühl. Wenn Parteileute auf den Hof kamen, sprachen sie nur die notwendigsten Worte und sahen kaum von ihrer Arbeit auf. Es war klar, daß wir ihr eintöniges Leben zu verschönern suchten. Möglichkeiten dazu gab es, doch man mußte äußerst vorsichtig sein.

Am einfachsten waren Erleichterungen durch Abwechslung im Essen, durch selbstgeräucherte Fische, die ich fing, durch Ersatz für schlechtgewordene Kleidung und durch ein bißchen Musik. Roman verstand das Räuchern bald besser als ich. Im Garten hatten wir einen kleinen Räucherofen aus Ziegeln aufgestellt. An ihm lag er im Grase und unterhielt das Feuer. Andreas, der älteste der Polen in Guja, war verheiratet. Er hatte seinen Bauernhof und die Familie verlassen müssen. In Guja mußte er für seine Landsleute sorgen, kochen, die Stuben in Ordnung halten, Brennholz klein machen und die Fische zum Räuchern herrichten. Er war ein stiller Mensch, der oft an Heimweh litt, doch immer freundlich und verläßlich blieb.

Der Pole Josef war etwa zwanzig Jahre alt. Bevor er zu uns kam, hatte er seine alte Mutter, mit der er allein zusammenwohnte, dadurch verloren, daß sie als alt und unnütz getötet wurde. Er stammte vom Lande und wußte mit Pferden umzugehen. So übertrug ich ihm — unter anderen Arbeiten auf dem Hof — die Aufgabe, je nach Witterung ein- bis zweimal am Tage die frisch ermolkene Milch zur Molkerei zu fahren. Bei seiner zweiten Fahrt begegnete ich ihm zufällig auf dem Weg von der Molkerei. Blaß, zitternd vor Kälte, saß er auf seinem Milchwagen in einem dünnen, zerrissenen

Drillichanzug, ohne Mütze bei eisigem Vorfrühlingswind.
„Hast du nichts zum Anziehen, Josef?“ rief ich ihm zu.
„Niemanietz“, rief er zurück und lächelte verlegen.
„Dann komme in Guja gleich zu mir.“ Er nickte und lächelte wieder. Es war seine letzte „kalte“ Fahrt gewesen. Diesem Josef, der nichts an Bekleidung hatte mitnehmen können, war es aber irgendwie gelungen, seine Gitarre zu retten. Sie war sein Trost. Er spielte sie gut. Wir haben abends, wenn mit keinen Überraschungen zu rechnen und die Haustüren geschlossen waren, zu Dritt gespielt: meine Tochter Akkordeon, Josef Gitarre und ich Gitarrenzither. Bis in die ganz letzte Zeit in Guja haben wir das getan und uns erfreut. Volkslieder richten auf und sind der Erde nahe.
Als meine Frau durch mich von Josefs Kleiderarmut erfuhr, ging sie dieser Angelegenheit für alle Polen auf den Grund. Sie fuhr nach Angerburg und setzte es in ihrer freundlichen Art durch, mit ausreichender und für damalige Zeit brauchbarer Kleidung, Schuhen und Gummistiefeln vom Landratsamt zurückzukommen.
Die Jahre in Guja und Launingken mit Polen und Russen als Arbeitern sind ohne jede Störung zu guten und erfolgreichen Arbeitsjahren geworden. Das gegenseitige Vertrauen blieb erhalten: deutsche Arbeiter und Polen vertrugen sich auf beiden Arbeitsstellen sehr gut. Die Deutschen freilich nahmen durch immer neue Einberufungen sehr ab. Ich wurde von einem Nach-

barn in Launingken mehrfach wegen Polen- und Russenfreundlichkeit bei der Polizei angezeigt, habe aber niemals einen Verweis bekommen.

Polen sind gesellige Menschen, die einander gern besuchen. Ich ließ sie gewähren, besonders an Sonn- und Feiertagen. Da Guja ein besonders schönes Fleckchen Erde war, kamen sie am liebsten hier zusammen. Zu unserem Hof führte kein öffentlicher Weg. Guja lag für sich allein. Nach einiger Zeit kam mir zu Ohren, Guja sei ein Treffpunkt für alle Polen der Umgebung, die Partei nähme Anstoß daran! Ich ging in die Wohnung meiner Polen und sagte ihnen, was geredet würde. Sie sprachen sich ganz offen aus: übertrieben hätten sie die Besuche nicht, aber nach Guja kämen ihre Landsleute besonders gern. Sie verstünden, was ich wollte. Das Gerede verstummte und die Partei ließ mich in Frieden.

Ein in allen Einzelheiten furchtbarer Befehl des Gauleiters Koch wurde von der Kreisleitung nahe an meiner Gujaer Grenze durchgeführt. Es wurde uns dazu gesagt, daß dasselbe in jedem Kreise Ostpreußens geschehen würde. Die Parteileitung oder der Gauleiter wollte dadurch die Polen einschüchtern. Der Endsieg Hitlers begann unsicher zu werden. Ganz nahe an meiner Grenze zu dem Dorf Groß Guja wurde ein Galgen errichtet. An ihm sollte ein Pole aus unserem Kreise erhängt werden. Die Wahrheit über die Gründe dafür war nicht zu erfahren. Man hörte nur, der Pole hätte sich gegen den Siedler, dem er zugeteilt war, widersetzt. Er war von ihm geschlagen worden. Den Siedler kannte ich nur flüchtig. Mein Fall war er nicht. Die letzten Worte des Polen werden wohl die Wahrheit gewesen sein.

Alle Bauern oder Güter, die in der Gemeinde Groß Guja Polen hatten, erhielten Befehl, diese an eine bestimmte Stelle in die Gegend des Galgens zu schicken. Nach der Hinrichtung mußten sie zu dem toten Landsmann gehen und dort eine polnische Rede anhören. Es war mir nicht möglich, den Polen diesen traurigen Gang zu ersparen. Gingen sie nicht, mußten sie mit Strafen rechnen, deren Härte man im voraus nicht wissen konnte.

Meine Polen hörten mich still an, ich riet ihnen hinzugehen. Sie könnten an dem Tode ihres Landsmannes doch nichts ändern. Sobald die Sache vorüber war, sollten sie nach Guja zu mir zurückkommen. Sie nickten, machten sehr ernste Gesichter, übertrugen aber ihren Groll nicht auf mich als auch einen Deutschen.

Die Durchführung dieser Hinrichtung zeigte die kalte, verbissene Grausamkeit Hitlers und seiner Genossen, aber auch das Gegenteil — trotz Nazi-Uniformen und Hakenkreuzen. Der zum Tode Verurteilte mußte, auf seinem Sarg sitzend, fünfzehn Kilometer weit von Angerburg bis zum Richtplatz — also etwa zwei Stunden lang — mit einem Pferdewagen fahren. Als er durch das Dorf Groß Guja kam, hatte ein Teil der

Bauernhäuser die Fensterläden geschlossen. Am Richtplatz wurde der Wagen so an den Galgen gefahren, daß die Schlinge vor dem Polen hing. Er zögerte keinen Augenblick, rief laut „Ich habe das Mädchen nicht vergewaltigt" und sprang in die Schlinge.

Ich weiß diese Dinge von dem Leiter der Arbeitsfront in Angerburg. Er war bei der ganzen Angelegenheit der Hinrichtung zugegen, selbst aber längst „sehend" geworden. Er wollte trotzdem nicht freiwillig aus dem Leben gehen, weil er eine Familie besaß. Im November 1944 hat er mir noch einmal sehr geholfen. Damals war es möglich, daß wir in unserer Gegend von den vorgehenden Russen überlaufen werden konnten. Die russische Front stand nicht weit von Launingken. Wenn ihre Panzer schossen, klirrten unsere Fensterscheiben in Guja. Die Entfernung betrug kaum dreißig Kilometer. Wir wußten das von Flüchtlingen, die entkommen waren.

Stalins Befehle waren erbarmungslos. Vergewaltigung und Tod. Die Nazi-Zeitungen, die überall bis zuletzt erschienen und verbreitet wurden, brachten in Bildern und Worten unaussprechliche Greuel. Sie sollten uns Ostpreußen in Wut gegen den vordringenden Feind versetzen, „die Männer bis zum Alleräußersten zum Kämpfen veranlassen und die Frauen sollten sich mit Panzerfäusten ausrüsten und in den Boden krallen."
Aber der Nimbus um Führer und Gauleiter war im

Abnehmen. Die angekündigte „Wunderwaffe“ verlor an Glaubwürdigkeit.
Launingken hatte schon im Oktober räumen müssen. Dort war alles seitdem verlassenes, verlorenes Land. Meine Frau und ich haben es mit eigenen Augen gesehen. Wir suchten das Landratsamt, das die Kreisstadt Darkehmen bereits verlassen hatte. Alle Häuser offen, mit dem Winde schlagende Türen, eingedrückte Fenster, herrenlose Hunde, Federvieh, Tauben und Schafe. Das Großvieh war von Soldatentrupps abgetrieben. In Guja hatte ich noch sechs jüngere Frauen ohne Männer, aber mit zusammen zweiunddreißig Kindern. Auf unserer Eisenbahnstrecke verkehrten Züge noch, wenn auch unregelmäßig. Der Ortsgruppenleiter aber wollte mir den jetzt noch möglichen Abtransport dieser Menschen nicht gestatten. „Es könnte die Bevölkerung beunruhigen.“ Da wandte ich mich an den nationalsozialistischen Leiter der Arbeitsfront in Angerburg. Er setzte sich dafür ein. Mit dem nächsten Morgenzug kam die ganze Gesellschaft fort und ist wohlbehalten bis nach Mitteldeutschland gekommen. Das war die letzte Berührung, die ich mit dem hilfsbereiten Parteimann gehabt habe. Er selbst hat den Zusammenbruch nicht überlebt.
Unsere Polen blieben bis zuletzt bei mir und meiner Frau, gingen auch mit uns auf die Flucht, wurden aber bis auf Roman am vierten Tage von uns getrennt. Ihr weiteres Schicksal kenne ich nicht. Nur gerüchteweise

erfuhr ich nach der Flucht, daß einer von ihnen durch russische Bomben umgekommen ist. Er war ein kleiner, stiller und verläßlicher Mensch, der ein Zweigespann österreichischer Pflugochsen in Guja geführt hatte. Diese starken, schweren Tiere waren uns in Guja und Launingken in den letzten drei Jahren eine große Hilfe gewesen. Trecker können sehr gut sein, aber nicht zuviele. Ich mochte sie nicht. Sie schafften viel. Ihr dauernder Lärm war mir unangenehm, und auf dem hügeligen Land in Guja arbeiteten sie nicht sauber. Da hörte ich von den großen, gelbweißen Pflugochsen in Österreich, daß man solche — schon angelernt — kaufen könne. Sie waren preiswert, doch mußte man das Risiko tragen, daß von Wien bis zu unserer Bahnstation die Eisenbahnwaggons ungeöffnet und versiegelt blieben. Ich nahm es auf mich. Alles ging gut. In großen, fördernden Schritten kamen die Ochsen von den Bahnstationen in Guja und Launingken an. Noch viel deutlicher steht in meiner Erinnerung das Bild dieser treuen Tiere und der alten Deputanten in Guja, als Launingken schon längst geräumt war. Jede Stunde konnte der Befehl dazu von der Ortsgruppe kommen. Aber die Männer zogen mit ihren Ochsen von Hell bis Dunkel Furchen durch die Gujaer Felderbreiten, als wollten sie sich das Bleiben erkaufen.

Mensch und Natur

Von Erfolg zu Erfolg hatte der Kriegsweg das deutsche Volk zunächst in schwindelnde Höhe geführt. Einzelne und Tausende vollbrachten Taten, bei denen sie ihr Leben im guten, aber allzu kritiklosen Glauben einsetzten. Siegesfanfaren und Sondermeldungen in Presse und Rundfunk priesen diese Triumphe der ersten Jahre als etwas noch nie Dagewesenes, nur durch den Nationalsozialismus möglich gewordene Heldentaten, was auch in vielem zutraf. Wenn die deutschen Sender mit kalten, überheblichen Worten von dem Leid und den Schrecknissen sprachen, die die anderen Völker durch uns erlebten, von den Zuständen in Holland, von dem Flüchtlingselend in Frankreich, dem großen Sterben in Polen, dem Tod auf den Meeren und den Bomben auf England, dann war es, als müßte am deutschen Himmel ein Zeichen geschehen, wie die feurige Hand, die das Menetekel an die Wand zu Babylon geschrieben hatte. Aber es kam kein Zeichen und wir stürmten weiter.

Zu dem Krieg gegen die Polen war auch ich geholt worden. Es war meine Heimatkenntnis, die man sich zunutze machte. Zur Sicherheit sollte eine rückwärtige Stellung geschaffen werden. Ihre Linie lief durch Guja und seine Nachbarschaft. Für diesen Abschnitt hatte ich zu sorgen. Es war nur ein kurzer Spuk, der damals unsere Heimat in die Möglichkeit nahen kriegerischen Geschehens rückte. Das schnelle Überrennen der Polen bereitete ihm ein Ende. Beruhigung trat ein. Weitab zog der Kriegslärm. Ich war wieder zu Hause und versuchte, mit den wenigen Arbeitskräften und Pferden den Gang unserer Betriebe aufrecht zu erhalten.

Wenn ich in Launingken war und wenn das Dunkelwerden aller Arbeit draußen ein Ende setzte, saß ich in jenem außergewöhnlich warmen und trockenen Herbst vor unserem Haus unter dem alten Kastanienbaum, unter dem auch mein Vater im Kriege 1914/18 die heranrückenden Russen erwartet hatte. Die Fledermäuse flogen, von Westen schimmerte der letzte Abendschein durch die Bäume. Tiefer Friede lag über der vertrauten Landschaft.

Der Kastanienbaum über mir war trotz seiner riesigen, mit Ketten zusammengehaltenen Krone und seines starken Stammes jünger als unser Haus. Vier Generationen stand er neben ihm. Nun aber war auch für ihn das Ende gekommen. Als seine Krone im letzten Frühjahr schwer geworden von Saft und frischem Laub, war der Stamm gerissen. Die Krone hatte sich gedreht und der Baum drohte weiter aufzureißen und zu stürzen. Voller Blüten war er gewesen. Über unserem altersgrauen Dach ragten die weißen Kerzen in den tiefblauen Himmel. In diesem Zustand sollte er nicht sterben. Zu viele Vogelpaare brüteten in seinem Gezweig zwischen Astgabeln und den kleinen Höhlungen. In einer größeren Öffnung im Stamm verbrachte ein Waldkauz die hellen Tagesstunden und auch Fledermäuse hatten ihre Schlupfwinkel in ihm. Das alles wollten wir in der schönen Frühlingszeit erhalten. Überbot sich die Menschheit in Werken der Zerstörung, so war es unsere Sache, zu heilen, auszugleichen, wo es nur ging und zu stützen. Freilich für lange konnten wir dem Baum nicht helfen, doch bis zum Reifen seiner Früchte, dem Ausfliegen der jungen Vögel und bis er selbst nach dem Fallen des Laubes in die Winterruhe übergegangen sein würde. Als der Spätherbst gekommen war, holte ich unsere beiden geschicktesten Holzschläger mit den für Ostpreußen charakteristischen Namen Uschkurat und Blaschke. Sie entfernten die Stützen und warfen den Baum so, daß er unserem Dach im Stürzen keinen Schaden tun konnte. Ich wußte damals noch nicht, daß ihm sein Tod im kommenden Winter sowieso bevorstand.

Wird der Mensch durch Vorgänge in der Natur in außergewöhnliche Zustände versetzt? Oder ist das Umgekehrte der Fall? Sicher sind wir Menschen der Natur in vielem unterworfen, aber nicht alle sind es im gleichen Maß. Der Menschengeist nimmt eine so überragende Stellung in der Schöpfung ein, daß es wunderbar wäre, wenn er ohne Einfluß auf sie bliebe. Und dieses nicht nur in äußerem Sinne: auf das Wachstum geliebter Bäume, heimatlicher Fluren und Felder, auf das Wohlbefinden eines Tieres oder vieler Tiere, auf das Wetter, Krankheiten und vieles mehr.

So oft heißt es „Die Menschen sind wie das Wetter" oder auch „Das Wetter ist wie die Menschen". Tiefe Wechselbeziehungen bestehen unbewußt zwischen uns und der Natur. Es ist vielleicht gut, daß sie noch schlummern. Der Mensch ist geistig noch nicht weit genug für alle Fähigkeiten, die in ihm angelegt sind.

Die Härte und Kälte eines großen Teiles der damaligen Menschen trafen merkwürdig zusammen mit den ersten beiden Kriegswintern. Es wäre nicht nötig gewesen, den alten Kastanienbaum schon im Herbst zu fällen. Der nächste Winter hätte ihn erfrieren lassen, wie er es bei allen Kastanienbäumen in unserer Gegend tat, bei den alten Obstbäumen in Guja, die hundert Jahre standen, bei den Rotbuchen im Park, den Erlen, Eschen, Eichen, ja selbst den Fichten, deren Bestände er schwer mitnahm. Der Wald, die Gärten, Alleen boten ein trostloses Bild, als im kommenden Frühjahr das grüne Gras sproßte. Anemonen und Leberblümchen blühten, aber die Kronen der Bäume blieben kahl. Der darauffolgende Winter war fast ebenso schwer. „Daß diese harten Winter uns gerade im Kriege treffen müssen", sagten die Menschen und schüttelten in Verwunderung und Ärger die Köpfe. Es war kein zufälliges Zusammentreffen. Irgendwie gab es Zusammenhänge.

Geschehen und Ablauf des Krieges kannten wir alle bis zum Überdruß, bis zur stummen oder stumpfen Ergebung, bis zum Tode von so vielen oder auch dem Verlust von allem, was wir liebten. Wie aber auch die Winter und besonders die beiden ersten in das Leben der Natur eingriffen, wie dort das große Sterben einsetzte, scheinbar zufällig, unabhängig von den Menschen, das werden viele nicht so lebendig miterlebt und beobachtet haben, am wenigsten draußen im Krieg und in den Städten.

Seit meiner Kinderzeit hatte ich alle ersten Rückkehrdaten unserer Vogelwelt im Frühling aufgeschrieben. An vierzig einzelnen Jahren konnte ich Vergleiche anstellen. Die ersten von ihnen waren Wildschwäne, Lerchen, Stare, Kiebitze, Wildgänse. Mit geringen Unterschieden kamen sie je nach dem Einsetzen von Tauwetter Ende Februar oder Anfang März zurück. Während der Winter 1939/40 und 1940/41, in denen der tiefe Schnee monatelang alles verdeckte und der harte Frost die Bäume aufriß, sagten meine Frau und ich immer wieder: „Wenn wir nur erst Ende Februar haben, dann kommen die Frühlingsboten. Mit ihnen wird es anders werden." Aber es änderte sich nichts. Der März verging bis zu seinen letzten Tagen — dann

erst kam das langersehnte Tauwetter zögernd, mit vielen Kälterückschlägen.
Die Zugvögel verspäteten sich um vier Wochen und mehr. Als sie eintrafen, waren die Reihen all derer, die im südlichen Teil Europas oder an seinen Küsten zu überwintern pflegten, so stark gelichtet, daß es bei manchen Arten wie Vernichtung erschien. An jedem Abend standen wir auf unserer Terrasse und lauschten auf die frühlingsnahen Rufe ziehender Bleßhühner. Es ließen sich keine hören. Die Zahl ihrer Brutpaare war auf dem See in den verflossenen vierzig Jahren immer in die Tausende gegangen. In jenem Jahr gehörten sie zu den Seltenheiten. Die Kiebitze fehlten fast ganz. Keiner der großen, oft viele hundert Meter langen Starenschwärme schwankte wie sonst über dem See oder ließ sich abends auf unserer Esche und den Linden vor unserem Hause nieder. Nur ganz kleine Trupps waren da. Der große Bestand der Wildschwäne, die in jedem Jahr zu Hunderten mit singenden Flügelschlägen über Guja zum See kamen, war zusammengeschmolzen bis auf einige zwanzig Vögel. Unsere Schwäne überwinterten vor den Küsten Hollands und Frieslands auf dem Meere. Das Meer fror dort zu und die Schwäne lagen verhungert auf dem Eis. Der Versuch, ihnen aus Flugzeugen Futter zu streuen, hatte keinen Erfolg. Anfang März kehrten sonst auch die großen Rohrdommeln zurück und übten in den Schilfrändern des Sees ihre Balzspiele, bis sie

aus den vielen Kehlen wie ein tiefes Baßkonzert über ganz Guja klangen. Eine einzige große Rohrdommel rief im Frühjahr 1940 am See. Ähnlich stand es um Haubentaucher, Enten und Schwarzhalstaucher. In unserem Walde hatte die große Kälte den Bestand an Rehen nahezu aufgerieben. An den gefüllten Fütterungen lagen sie tot oder sterbend umher, im ganzen etwa zweihundertfünfzig Stück.

Noch viele Beispiele ließen sich dafür anführen — und nicht nur für unser Land —, wie Härte und Grausamkeit der Menschen gegeneinander zusammentrafen mit Härte und Grausamkeit der Winter. Ernstlich schienen die Zeitläufe an dem Zustand unserer Natur zu bröckeln. In manchem unbemerkt, sichtbar in vielem, blieb sie nicht mehr die alte. In dem, was die Menschen ihr antaten, standen wir erst am Anfang. Der Eingriff der Natur in ihr Tier- und Pflanzenleben war schon ein schwerer. Sie hätte es wieder gut gemacht, in Jahren alles verheilt. Wie gerne hätte ich das beobachtet und versucht, selbst dazu beizutragen, wenn mir die Zeit vergönnt gewesen wäre. Die tiefsten Temperaturen in jenem Winter waren 40 bis 44° Celsius.

Als es zum Aufmarsch gegen Rußland kam, wurden wir von deutschem Militär überflutet und — wie es immer ist — nur dieses hatte zu befehlen und in allem das erste und letzte Wort. Riesengroß ist in solchen Zeiten das Ausmaß dessen, was an nutzlosen, unfruchtbaren und auch schlechten Dingen gemacht wird. Die Gespanne müssen für das Militär arbeiten. Acker und Ernte werden vernachlässigt oder verwüstet, Ställe und Scheunen beschlagnahmt, Futter und Stroh verschwendet; das Vieh des Betriebes muß leiden. Die älteren Arbeiter werden unlustig und verärgert. Die Jugend ist für nichts zu gebrauchen. Wenn die Zeit vorüber und das Militär abgezogen ist, bleibt nur Unangenehmes zurück.

Als Hitler es an der Zeit fand, den von ihm und Ribbentrop mit Stalin geschlossenen Frieden zu brechen, mußte das deutsche diplomatische Korps Rußland sofort verlassen, wie es in solchen Fällen Brauch ist. Die Russen überwachten diesen Auszug nicht nur, sondern bemühten sich, alles und jedes, was den Deutschen gehörte, unverletzt und bis in alle Kleinigkeiten vollzählig nach Ankara in der Türkei zu bringen. Köstring schilderte mir diesen Transport genau. Bei solchen Gelegenheiten sind die Russen äußerst peinlich und sorgfältig.

Köstring kam sofort von Ankara mit dem Flugzeug zur Obersten Heeresleitung in Steinort und von dort im Auto zu mir nach Guja. Der Führer hatte ihn für den nächsten Tag zu sich beordert. Als er bei mir aus dem Wagen stieg, war er zuerst ganz der Alte. „Na, Walterchen, sehen wir uns so schnell wieder und deine liebe Frau? Da kommt sie ja!" Dann aber wurde er sehr ernst, ging mit mir in seine Stube, hatte sein

so sympathisches Lächeln verloren, setzte sich wie erschöpft auf einen Stuhl, sah mich fast vorwurfsvoll an und sagte: „Aber Kinder, was macht ihr nur? Was wollt ihr in Rußland? Habt ihr vergessen, wie es Napoleon erging?"
„Du kennst mich doch" war meine Antwort. „Und weißt, daß ich nichts zu sagen habe, aber genau so denke wie du. Mußt du morgen zu Hitler?"
„Ja, gleich morgens. Er bildet sich ein, daß er Rußland überrennen und besiegen kann, und ich bilde mir nichts ein, weiß aber, daß er verlieren wird. Er kennt Rußland nicht. Ich kenne es genau. Er wird an der Größe und der Beschaffenheit des Landes zerbrechen."

Köstring war müde. Nach dem Abendessen ging er bald schlafen. Die bevorstehende Unterredung mit Hitler lag ihm schwer auf dem Herzen. Er kannte ihn genau in seiner Heftigkeit, wenn ihm Ansichten vorgetragen wurden, die er nicht hören wollte.
Ich begleitete Köstring in sein Schlafzimmer. Obgleich ich wußte, daß er müde war und den Kopf voller Gedanken hatte, bat ich ihn: „Laß dich nicht einschüchtern. Werde auch nicht ärgerlich, wenn er laut wird. Sage ihm die Wahrheit. Vielleicht läßt er sich überzeugen. Wenn du das könntest, würden viele Tausende nicht zu sterben brauchen. Niemand kennt Rußland so wie du."
„Walterchen, was ich kann, werde ich tun, aber helfen

wird es nicht. Er ist nicht zu überzeugen, wenn er eine Idee im Kopf hat."

Die darauf folgende Nacht war unruhig für uns beide, obgleich ich es viel leichter hatte. Am nächsten Morgen fuhr er zu Hitler. Die Nacht war vorüber und sein zuversichtlicher Reitergeist schien wieder bei ihm zu sein.

Viel früher als erwartet kam er zurück, sagte kein Wort und ging mit mir in sein Zimmer. Als ich die Türe geschlossen hatte, fragte ich: „Hast du etwas erreichen können? Du machst mir nicht den Eindruck!"

„Nichts! Er fing an zu toben. Läßt du dir gern mit dem Fuß in den Bauch treten? Ich nicht! Entlassen bin ich auch!"

Köstring fuhr nach Berlin in seine Wohnung. Nun war er frei und genoß dies auch für eine kurze Zeit. Dann brauchte man ihn und holte ihn wieder. Er wurde zum Armeeinspektor ernannt. Unersetzlich blieben seine Kenntnisse von Rußland und den Russen. Als er noch vor dem Beginn des Krieges mit Rußland Militärattaché in Moskau war, erhielt ich eines Tages im Winter bei hohem Schnee und Frost ein Telegramm von Köstring aus Port Arthur: „Komme etwa in einer Woche mit Auto von hier zu dir nach Guja." Er durchstreifte ganz Rußland und verfügte über genaue Kenntnisse in dem riesengroßen Gebiet.

Im nächsten Jahr kam ein Brief aus Moskau von ihm: „Um mein Haus hier stehen Bäume, aber die Vögel fehlen. Schicke mir doch ein halbes Dutzend Nistkästen, am besten für Meisen." Das tat ich sofort. Von der Firma Scherwitz wurden sie auf den Weg gebracht.

Köstring war ständig von einem höheren, dafür angestellten Tscheka-Beamten beobachtet, aber auch im guten Sinne bewacht. Auch er hatte sich für die Meisenkästen interessiert und sprach Köstring darauf an: „Die Vogelkästen hängen nun schon eine ganze Zeit, die Spatzen probieren immer und wollen hinein, aber sie sind zu gut genährt, sie können durch die Fluglöcher nicht hindurch. Auch die Menschen auf der Straße beobachten das. Wissen Herr Oberst, was sie sagen? An den Spatzen sieht man es deutlich, daß es Deutschland schlecht geht und nicht einmal die Spatzen sich dort sattfressen können. Unsere Sperlinge sind so fett, daß sie unmöglich durch die kleinen Fluglöcher hindurchkönnen!"

Damals hatte Köstring meine Frau und mich nach Moskau eingeladen. Er wollte mir schon die Fahrkarten zum „Roten Blitz" nach Moskau zuschicken und uns auch Petersburg zeigen. Dieser verlockenden Aussicht habe ich aber der Partei wegen nicht folgen können. Das wäre in meiner damaligen Situation zu gewagt gewesen. Noch heute bedauern wir das. Aber es war richtig so.

Unzufrieden für sich selber war Köstring mit dem scheinbaren Ende seiner Laufbahn nicht. Aber ich

wußte, daß er in militärischen Dingen viel zu klug und beschlagen war, als daß man auf ihn hätte verzichten können. Sehr bald schon wurde er — wie schon erwähnt — wieder geholt.
Noch einmal wurde uns und unserem Land eine ruhige Zeit beschieden. Die deutschen Truppen stürmten in die Weite Rußlands hinein, als besäße dieses Land die Größe und Straßen Frankreichs. Deutsche Generäle warnten vor uferlosem Weitergehen in leere Räume und vor dem russischen Winter ohne entsprechende Bekleidung, ohne feste Stellungen mit offener linker Flanke. Nach dem Wesen der Menschengeisel Hitler wurden die Gefahren nicht beachtet. Was kommen mußte, trat ein: der Wendepunkt Stalingrad und vieles mehr. Langsam begann die deutsche Ostfront zu wanken. Unsere Heimat war noch nicht direkt in Gefahr. Mit der Zeit aber sahen wir, daß die Rückzüge stetig wurden und unsere Grenze, wenn auch noch nicht gleich, erreichen mußten.
Die ersten Anzeichen waren russische Flieger. Sie erschienen fast in jeder Nacht und warfen ihre Bomben verstreut auf Städte und Dörfer, Bahnen und Felder. Auffallend war, daß ihnen kein einziges deutsches Abwehrflugzeug entgegenflog. Am Tage dröhnten fortwährend Flieger über den See. Von den Bomben, die in unserer Nähe fielen, hörte ich bei meiner Rückkehr aus Launingken in der Dunkelheit der Nacht eine in ein verschilftes Gebiet des Sees niedergehen. Ihm

machte sie nichts. Der See fing sie in seinen weichen, moorigen Armen auf und ließ sie tief hinabgleiten. Nur ein schlürfender, saugender Ton war zu hören. Unschädlich gemacht und unerreichbar lag die Bombe aufbewahrt im tiefen Moor. Doch nicht alle Bomben konnte unser See auffangen, nicht allen ihre todbringende Wirkung nehmen.

Wo blieben die deutschen Flieger? Bei Kriegsanfang waren sie auf dem Fluge gegen Polen, besonders auf Warschau zu, dauernd über Guja unterwegs gewesen. Jetzt wurden sie bei uns dringend zur Abwehr gebraucht. War Hitlers angekündigtes „Ausradieren" der englischen Städte immer noch nicht beendet? Oder hatte er jetzt andere Sorgen? Und zu wenig Flugzeuge?

Oberlandforstmeister Hämmerle war in dieser Zeit wieder in Guja. Schweren Herzens mußte er den Waldbesitzern immer neue Holzumlagen für die Kriegswirtschaft auferlegen. Er scheute weder Zeit noch Anstrengung, mir mit Rat und Tat bei den schweren Eingriffen in unsere Wälder so zur Seite zu stehen, daß auf den richtigen Stellen geschlagen wurde und keine unnützen Schäden entstanden. In den zweihundertfünfzig Jahre alten Eichenbeständen von Guja gingen wir suchend von Baum zu Baum, prüften Güte und Stärke der Stämme und sahen die Kronen auf die mutmaßliche Lebensdauer der Bäume an. Er erzählte mir von den häufigen Fliegeralarmen in

Königsberg, daß die Angriffe nicht schwer wären, daß er aber doch mit seiner Frau und den beiden kleinen Söhnen von sechs und acht Jahren in den Keller gehen müßte. Hämmerle hatte spät geheiratet. Seine Familie bedeutete ein ungetrübtes Glück für ihn. Mit der Lebenserfahrung des älteren Mannes, aber einem jung und warm gebliebenen Herzen liebte, beobachtete und empfand er seine drei Menschen. Ein wenig außerhalb des alten Königsberg lag seine Wohnung vor einem grünen, baumbestandenen Platz. Sie barg ihm das, was ihn nach jeder der zahlreichen Dienstreisen in nie enttäuschter Vorfreude zurückkehren ließ: noch ganz seine eigene Welt. „Noch!", sagte er. „In zwei Jahren muß mein Ältester zu den Nazis in das Jungvolk und mein Jüngerer zu Ostern in die Schule. Dann werden die Vormittage in der Wohnung für meine Frau sehr still sein. Ich selbst muß zuviel fort. Die Kinder werden ihr fehlen. Außerdem bringen sie vieles von dem, was sie heute außerhalb des Hauses hören und lernen mit, was nicht in unser Familienleben paßt und zu unliebsamen Erörterungen führt. Doch der Schulanfang für den Kleinen ist nicht so schlimm, für den anderen sind zwei Jahre noch eine lange Zeit. Es kann sich viel darin ereignen."

Die Erfüllung der Holzumlage für das Launingker Revier war schwieriger. Eine gemeinsame Besprechung in seinem Königsberger Büro mußte noch stattfinden. Wir verabredeten einen festen Tag gleich in der folgenden Woche für unser Zusammentreffen. Wie große Hornissen flogen einzelne russische Flieger über unsere Gegend. Ich war gezwungen, die Lichter des Autos auszudrehen. Immer wieder fielen Bomben. Am nächsten Morgen, mit dem Frühzug, war ich schon vor acht Uhr in Königsberg. Ich fuhr auf das Forstamt. In Hämmerles Vorzimmer saß seine Sekretärin am Tisch und weinte. „Was ist geschehen", fragte ich.

„Herr Hämmerle ist tot. Auch seine Frau, seine beiden Söhne, seine Schwiegermutter, sein Hausmädchen. Eine russische Bombe. Die Kellerwand hat alle erschlagen."

Ich ging an sein Haus. Ein brennender, qualmender Trümmerhaufen lag über dem noch ungetrübt gewesenen, jetzt ausgelöschten Erdenglück dieser Familie, einer jener deutschen Familien, wie sie heute keine Geltung mehr, nur noch Duldung besaßen, die in Wirklichkeit aber das vorstellten, was im besten Sinne deutsch war. Alle seine Lieben waren ihm mitgegeben.

„Zwei Jahre sind eine lange Zeit, es kann sich viel darin ereignen."

Die russischen Räume, die unsere Truppen besetzt hatten, waren so groß gewesen, daß trotz der ständigen Rückzüge unser Grenzland — von den Fliegern abgesehen — noch längere Zeit in Ruhe blieb. Unsere Betriebe liefen weiter, weil der Mangel an Arbeitskräften durch Polen ausgeglichen war. Dazu kamen die russischen Gefangenen im Wiesenhof. Sie sind uns alle treue und fleißige Arbeiter gewesen und geblieben bis zum Schluß. Da fast alle deutschen Männer allmählich einberufen wurden, ruhte die Arbeitslast in unseren Betrieben in der Hauptsache auf den Schultern dieser Menschen.

Ganz unerwartet fand ich auf meinem Schreibtisch in Guja einen Brief von einer mir unbekannten Fliegerstaffel, deren Namen ich nicht mehr weiß. Der Inhalt war etwa folgender:

Der Gujaer- oder Nordenburger See sei zu einem Übungsplatz für den Abwurf scharfer Bomben ausersehen. Als Ziel wäre die „Runde Insel", im Blickfeld zwischen unserem Hause und der Stadt Nordenburg, als gut sichtbar und geeignet auserwählt. Rechts und links von dieser Insel würden — etwas zurückgesetzt — auf dem Boden von Guja zwei Beobachtungstürme errichtet werden, etwa achthundert Meter von der Insel und gleich weit von unserem Wohnhaus. Mit der Ausführung dieses Planes müßte sehr bald gerechnet werden.

Das war für den See und seine Tierwelt ein drohender Befehl, dem rasch begegnet werden mußte. Nicht in meinem Interesse! Ich rechnete nicht mehr mit dem Sieg und unserem Bleiben. Mochte der See nun den Russen oder Polen zufallen. Er war etwas ganz Besonderes in seiner Schönheit, dem Reichtum seiner Tierwelt, in jedem Fall wert erhalten zu bleiben.

Ich schrieb sofort zwei Briefe: an den damaligen

Oberst in der Operationsabteilung des Generalstabs des Heeres, den jetzigen Nato-Oberbefehlshaber Europa-Mitte, Graf von Kielmansegg, und an den Naturschutzbeauftragten für die Provinz Ostpreußen, Direktor Postelmann. In Kriegszeiten kann, wenn überhaupt ein Entgegenkommen in solchen Dingen möglich ist, am ehesten mit militärischen Stellen gerechnet werden. Obgleich meine Hoffnung nur sehr bescheiden war, kam Graf von Kielmansegg in kürzester Zeit selbst vom Lager „Anna" bei Angerburg, wo das Oberkommando des Heeres untergebracht war, nach Guja, sah sich die leicht überblickbare Situation von unserer Terrasse aus zum See und der Runden Insel prüfend an und sagte zu mir in ruhig-freundlichem Ton: „Es unterbleibt!", bestieg sein Auto und fuhr in seinen schweren, verantwortungsvollen Generalstabsdienst zurück. Dem alten Fischermeister Rapräger und mir wurde eine kurze Zeit geholfen. Dem See für immer.

Preisgegeben

Noch lange bevor der russische Kanonendonner in Guja zu hören war, wurde Königsberg vom Schicksal ereilt. Zwei englische Fliegerangriffe löschten die ganze alte Stadt aus. Die Vororte an der Peripherie blieben. Eine lange Dürre war dem zweiten Angriff vorausgegangen. Alle Dachstühle und Holzteile der Häuser hatten Sonne und Wind ausgetrocknet; die feindliche Luftwaffe hatte furchtbare Wirkung. Nie ist uns annähernd bekanntgegeben worden, wieviel Tausende der armen Königsberger in der engen Stadt durch Bomben, Feuer und Hitze umgekommen sind. Mitten im Pregel brannten vor den Brücken die aus dem Wasser ragenden oberen Teile der Eisbrecherpfähle von der Glut der umliegenden Häuser. Die Menschen, die im Wasser Kühlung suchten und sich an den Pfählen festhielten, mußten loslassen und ertranken. Ich trauerte um Königsberg. War es auch keine besonders schöne Stadt, so barg es doch viele liebe Menschen, deutsche Geschichte und eigene Erinnerungen.

Der Krieg, der längst verloren war, ging weiter. Es

mußte weiter gekämpft und gelitten werden in der Hoffnung auf neue Vergeltungswaffen, Düsenjäger und eine Wunderwaffe. Der Führer unseres Volkes verstand nicht, oder wollte nicht verstehen, daß sich ihm diese Hoffnungen nicht mehr erfüllen konnten. Zuviel hatte er auf sich und Deutschland heraufbeschworen. Die ganze Welt war gegen ihn. Wenn er Sieger geworden wäre, hätte die Weltgeschichte ihren Sinn verloren. Die zehn Gebote auf den Tafeln von Moses gelten heute immer noch. Das Streben, nach ihnen zu leben, ist die erste Voraussetzung zu einer Gemeinschaft unter den Menschen. „Ehre Vater und Mutter. Du sollst nicht töten, nicht ehebrechen, nicht stehlen, nicht falsches Zeugnis reden", dies alles bezieht sich auf das Zusammenleben der Menschen auf Erden. Setzt man es von seiten der Regierung durch schlechte Beispiele, grausame Verfolgungen, Massentötungen — wie etwa der Juden — und zwiespältige Anordnungen außer Kraft, muß das Chaos beginnen.

Einige Tage nach dem Angriff auf Königsberg waren wir dort bei Herrn Scherwitz. Er holte uns von dem verschont gebliebenen Bahnhof ab. Es war gut, wir hätten uns sonst in dem Trümmerfeld nicht zurechtgefunden. Seine Wohnung draußen auf den Hufen war stehengeblieben. Sonst hatte er alles verloren: beide Geschäftshäuser, zwei große Lagerhäuser, fünf der alten Speicher am Hafen. Unverändert in seinem Wesen, mit schlichten Worten schildernd, was vor wenigen

Tagen noch an Stelle der Trümmerhaufen oder eines Nichts gestanden hatte, ging er mit uns von einem Platz zum andern. Als wir an sein Hauptgeschäftshaus kamen, wo sein eigenes Büro war und die Angestellten hinter Schreibmaschinen und großen Büchern gesessen hatten, zeigte er auf das Durcheinander zertrümmerter Mauerreste, verbogener Eisenträger, verkohlter Balken. Dabei sagte er mit stillem Lächeln und etwas wie Staunen über sich selbst: „Als ich nach dem Angriff hier stand, war meine erste impulsive Empfindung: ‚Frei! Du bist jetzt frei und unbehindert von allem Bisherigen.'" Es war die unbewußte Regung dessen, was dem Menschenherzen als Hilfe und Abwehr für dieses oft so schwere Erdendasein mitgegeben ist, dasselbe, was in Schillers Glocke steht: „Einen Blick nach dem Grabe seiner Habe sendet noch der Mensch zurück, greift fröhlich dann zum Wanderstabe." Auch Herr Scherwitz griff zum Wanderstab, wenngleich er sein altes Königsberg nicht verließ. Er legte die Hände nicht in den Schoß, sondern tat alles, um seinen vielen Angestellten und ausländischen Arbeitern, die ihn liebten, Arbeit, Lohn und Brot zu geben und seine Kunden zu versorgen. Er, der fast alle realen Werte verloren hatte, war doppelt bemüht, den guten, soliden Ruf seiner großen Firma in bestem Sinne für die Allgemeinheit aufrecht zu erhalten.

Hämmerle mit den Seinen ruhte in der stillen Erde

draußen vor den Toren Königsbergs, wo keine Bomben gefallen waren.

Als wir nach Guja zurückkamen, gingen mir die Worte von Herrn Scherwitz immer wieder durch die Gedanken: „Frei, du bist jetzt frei." Ich versuchte sie auf mich und meinen Wirkungskreis anzuwenden. Aber ich war innerlich nicht so weit wie er, auch lagen die Verhältnisse bei mir anders. Mir mußte der Verlust des Besitzes gleichzeitig den Verlust der ganzen Heimat bedeuten. Von dem Begriff des Eigentums hatte meine Mutter mich von klein auf immer fortgeführt und mich mit dem Gedanken, alles willig abgeben zu können, wenn es einmal soweit käme, vertraut gemacht. Jetzt wunderte ich mich, wie sie in den gesicherten, ruhigen Zeiten meiner Jugend darauf gekommen war, mich auf solch ein Ereignis vorzubereiten. Hatte ihre Mutterliebe vorausgeahnt, was ich einmal nötig brauchen würde?

Was sie mich aber nicht lehren konnte, war ein Loslösen von der Heimat, der Natur, ihren Jahreszeiten, ihren tausendfachen eigenartigen Schönheiten. Sie bedeuteten nicht materiellen Besitz, doch sie gehörten außer der Erinnerung an geliebte Menschen zu dem, was mir die Heimat so unaussprechlich lieb gemacht hatte. Ich kann mir selbst nicht Rechenschaft darüber geben, ob diese Liebe nicht das stärkste Gefühl ist, dessen ich fähig bin. Es ist verwoben mit meinem Glauben und meinem liebsten Menschen, meiner Frau.

Im Sommer 1944 begann dann das menschengemachte, nicht mehr abwendbare Geschehen bis zum Verlassen der Heimat abzulaufen. Üble Anzeichen tauchten in unserem Lande auf. Flüchtlingswagen aus dem Inneren Rußlands, aus den Baltenländern und aus Litauen. Dem deutschen Militär vorauseilend flohen sie vor den Russen. Schlecht gekleidete, planlos wandernde deutsche Soldaten, mehr noch als Einzelerscheinungen, manchmal auch auf Fuhrwerken mit lebendem Geflügel und anderen Lebensmitteln zogen auf unseren Straßen, scheu, voller schlechten Gewissens, oder dreist, allem die Stirne bietend. Bedauernswerte Gestalten, demoralisiert durch lange, nicht aufzuhaltende Rückzüge, die nicht bedingt waren durch fehlenden Kampfgeist und mangelndes soldatisches Können, sondern durch die immer deutlichere Unterlegenheit der Deutschen an Menschen und schweren Waffen. Auf meinen Fahrten nach Launingken sah ich Bilder, wie ich sie mir aus dem Dreißigjährigen Kriege vorstellte. Unsere Arbeiterfrauen schüttelten die Köpfe. Das Mitleid in Gedanken an ihre eigenen Männer und Söhne ließ sie nicht zu den richtigen Rückschlüssen aus diesen Vorzeichen kommen. Aber die wenigen älteren und ganz alten Männer, die ich noch hatte, verstanden und sagten: „Das ist der Anfang vom Ende."

An jedem Tag verlagerte sich die Front weiter nach Westen, näher zu uns heran. Rasch nahmen die unerfreulichen Bilder des Zerfalls zu. Autokolonnen, in denen kein Wagen heil war, an denen alles klapperte. Pferdelazarette, Depots, hinterste Etappe bewegten sich auf unseren Straßen, belegten Bauernhöfe, Güter und Städte, in immer dichteren Wellen das Land überflutend. Bei günstiger Luftbewegung klang fernes Schießen von Osten und Süden unverkennbar bis zu uns herüber.

In diese Zustände platzte die Bombe des 20. Juli, etwa zwölf Kilometer von Guja in südlicher Richtung, im Oberkommando der Wehrmacht in Steinort. Es konnte nicht ausbleiben, daß nun eine Welle von Verfolgungen und Verhaftungen über unsere Gegend hereinbrach. Als ich von dem Attentat und seinem Ausgang durch unsere Leute, die Radio gehört hatten, erfuhr, war ich mit meinen Gedanken darüber bald im reinen und wandte mich den ständig wachsenden Anforderungen zu, die durch die Truppenüberschwemmungen und die Flüchtlinge in unseren Betrieben an mich gestellt wurden.

Ein Attentat bleibt für mich immer etwas Abzulehnendes. Wie die Dinge in Deutschland nun einmal standen, mußte alles bis zur Neige ausgekostet werden.

Ein großes Aufgebot an Polizei überzog unser Land: bedingt durch das Attentat, aber auch durch Deserteure, die sich lockernde Moral der zurückflutenden Armee und die feindlichen Fallschirmspringer. Unser altes Haus in Launingken war überfüllt von Berliner

Bombenflüchtlingen. Die Königsberger Parteileitung bemühte sich, besonders die Gutshäuser mit diesen unglücklichen Menschen so voll wie möglich zu stopfen. Obgleich sie selbst in schwerster Sorge um die eigene Existenz war, vergaß sie nicht, diejenigen zu überlasten, bei denen sie Widerstände vermutete. Aber die Berliner Frauen ließen sich nicht durch schöne Räume und Bequemlichkeiten einfangen. Sie kamen zu mir und sagten: „Wir fahren ab, Bomben sind schlimm, aber Kampfgebiet ist noch schlimmer." Sie setzten ihr Stück durch.

Ein paar Tage lang blieb unser Haus leer. Dann zog ein großer Armierungsstab ein, der nicht nur dieses, sondern beinahe alle Gebäude und Arbeiterwohnungen belegte und in kurzer Zeit den ganzen Betrieb fast zum Stillstand brachte. Arbeiter und Gefangenenkolonnen kamen in Massen. Unsere Gespanne und Trecker mußten Fahrdienste leisten, die Russen, die Polen und die wenigen Deutschen, die wir noch hatten, ein ungeheures Schützen- und Panzergrabensystem ausheben. Auch Guja traf diese Aktion, die mit einer sich überschlagenden Propaganda ins Werk gesetzt wurde. In Guja holte man mich mitten in der Nacht zur dortigen Ortsgruppe. Ich mußte meine noch vorhandenen deutschen Menschen an- und abgeben. Sie wurden mit der Bahn an die Grenzen von Ostpreußen, Litauen und Polen gebracht. Mich selbst wollte der Ortsgruppenleiter entgegenkommenderweise, wie er sagte, in seinem Parteistab ebenfalls dorthin mitnehmen — zur Aufsicht über die Schipperkolonnen. Mir erschien das wenig erstrebenswert. Die Launingker Ortsgruppe, in welcher der größte Teil meiner Betriebe lag, gab mich aber nicht frei. Guja sollte nicht ohne jede Leitung bleiben.

Nun kamen Wochen, in denen meine Frau und ich wie im Traum einhergingen. Fortwährend vor neue Schwierigkeiten gestellt, nicht mehr imstande, auch nur den bescheidensten Begriff von Ordnung und Arbeit in den Betrieben aufrecht zu erhalten, von den verschiedenen Anordnungen des Militärs und der Partei hin- und hergerissen, mußten wir nicht nur mitansehen, wie unsere schöne Heimat durch Gräben, Bunker, Sprengungen, durch Fällen der Bäume, Zerstören von Gebäuden, Verheerungen im Walde, verdorben und vernichtet wurde. Wir mußten selbst dabei mit Rat und Tat durch unsere Sach- und Ortskenntnis mithelfen. Immer lauter wurde das Schießen von der Front her. Die ostpreußische Grenze war von den Russen erreicht. Die gepriesene Fähigkeit der Partei bei den Grabensystemen, die angeblich eine Länge von tausend Kilometern besaßen und ein unüberwindliches Hindernis bieten sollten, schien überall dort, wo die Russen angriffen, gar nichts zu nützen. Trotzdem wurden immer weiter rückwärts die gleichen Grabensysteme ausgehoben. Drohend und unerbittlich kam alles näher und näher.

Auf den Straßen von Guja nach Launingken war kaum noch durchzukommen. Jetzt zogen neben dem Militär schon endlose Züge ostpreußischer Flüchtlinge aus den Grenzkreisen westwärts. Ich kannte dies in unserem Grenzland schon von 1914. Auch damals flohen die Menschen, sperrten die Straßen und wurden zu einer Gefahr für die Beweglichkeit und die Schlagkraft unserer Truppen. Damals gehörte ich zu diesen und empfand großes Mitleid mit dem unglücklichen Zivilvolk, das ich während der Schlacht bei Tannenberg und der Verfolgung an den Masurischen Seen, von den Straßen gedrängt, biwakieren sah. Das mitgeführte Vieh war maul- und klauenseuchekrank, die Menschen litten unter kalten Nächten und Regentagen. Es gab genug Elend damals und doch lag nicht diese lähmende Furcht über allem, nicht diese Verzweiflung in den Mienen der Fliehenden. Damals bestand ein großer Unterschied in den ganzen Verhältnissen: unser Heer war in Ordnung. Das wußte das Volk und sah den Russeneinfall als Übergang an.

Als es 1939 Polen schlecht ging, hatte Hitler in seiner Radio-Rede an das Volk oder — wie es immer hieß — an die ganze Welt gesagt: „Der Herr hat sie geschlagen mit Mann und Roß und Wagen." Fühlte er sich plötzlich als Kreuzritter, weil Gott ihm gegen die Polen geholfen hatte? Oder war es Eitelkeit, Selbstbespiegelung und eine sich gut machende Redewendung für das Volk? Als über Frankreich die große

Flüchtlingskatastrophe hereinbrach, zuckte die Partei verächtlich und verständnislos mit den Schultern über die Unvernunft, in solchen Massen so planlos zu flüchten, hatte kein Mitleid und machte sich nicht klar, daß die Franzosen auch Menschen waren, die litten.

Und jetzt? Was geschah nun mit uns? Hatte der Herr nun uns zur Abwechslung geschlagen? Oder war es bei uns keine Unvernunft, daß unsere Bevölkerung zu Zehntausenden auf den Straßen floh und mit dem zu Ende gehenden Sommer in kaltes und nasses Wetter geriet? Nein, meine unglückseligen Landsleute flohen nicht aus Unvernunft. Zusammen mit den Menschen der bombardierten Großstädte mußten sie als erste die Rechnung bezahlen, die Hitler von der Welt präsentiert wurde. Unsere Bevölkerung aus den Grenzgebieten flüchtete aus einer unüberwindlichen, furchtbaren Angst vor den Russen. Sie wurde geschürt und zur Panik getrieben durch schreckliche Schilderungen von russischen Greueltaten, die — mit Bildern belegt — durch die Provinzzeitungen gingen und jedem unter die Augen kamen.

Was bezweckte die Partei damit? Wollte sie das Volk auf die Flucht treiben? Keineswegs! Das Volk sollte durch jene Taten in Wut geraten und zum äußersten Widerstand gebracht werden. Jede Frau sollte nach Anordnung des Gauleiters mit der Panzerfaust ausgebildet werden und schießen, und wenn das nicht mehr ging, „sich in den Boden krallen", aber nie weichen.

Welch ein Dilettantismus in der Menschenbeurteilung spricht aus solchen Befehlen! Nach fünf Jahren eines derart zermürbenden Krieges kann kein Volk mehr solche Kräfte aufbringen, abgesehen davon, daß unbewaffnete Frauenkörper anrollende russische Panzermassen noch viel weniger aufhalten können als schlecht bewaffnete Männer. Stalin war bis zum Äußersten gereizt über das, was auf Hitlers Befehl nicht von deutschen Soldaten, sondern von seiner SS und SD in der Ukraine an Tötungen und Grausamkeiten geschehen war.

Die Bilder, die ich von den Trecks auf meinen mühsamen Fahrten zwischen Guja und Launingken sah, erinnerten mich an das letzte Bild von der Sintflut in den großen Dor'schen Bibeln, die auf dem Bibliothekstisch meiner Eltern gelegen hatten. Dort löschte die Angst vor der höhersteigenden Flut jede Feindschaft und alle Gegensätze. Ein Tiger hielt sein Junges im Fang so hoch über das Wasser, wie er nur konnte, und in seiner nächsten Nähe machten es die Menschenmütter ebenso.

Die hereinbrechende Katastrophe vereinte Deutsche, Litauer, Polen und Franzosen. Die Trikolore im Knopfloch, sah ich viele Franzosen für die im Krieg abwesenden Bauern deren Treckwagen lenken, ihr Vieh treiben, mit menschenfreundlicher Fürsorge die übermüdeten Kinder halten. Da war nichts von gegenseitigem Haß und von Verachtung zu spüren. Die gemeinsame Not beseitigte befohlene Abstände. Das rein Menschliche war da, überbrückte Gegensätze und schuf eine Gemeinschaft unter vier verschiedenen Nationen, die echter und ehrlicher war als die unter dem deutschen Volk selbst befohlene. So trostlos-traurig die Treckbilder jener Zeit waren, die Menschen konnten sich glücklich nennen gegenüber denjenigen, die dasselbe Schicksal später im Winter traf.

Riesige Wagenburgen waren auf unserem Land aufgefahren. Die Menschen hatten meist Lebensmittel für sich selbst mit. Vieh und Pferde aber brauchten viel Weide und in der Not wurde genommen, wo sich etwas fand. In kurzer Zeit sahen unsere Koppeln und Felder jämmerlich aus. Es gab kranke Menschen, die Hilfe brauchten, Kinder, die sich verloren hatten. Dazu stellte das deutsche Militär immer größere Anforderungen. Es war kaum mehr möglich, den zahllosen Fragen, Befehlen und Anordnungen gerecht zu werden, immer unter der drohenden Begleitung fernen Kanonendonners. Die Nächte waren schwer und unruhig. Am Anfang wollte der Schlaf nicht kommen vor alledem, was unerledigt für den nächsten Tag geblieben war. Siegte dann doch die Müdigkeit, wurde man durch fremde Geräusche, von durchziehendem Militär und von Stimmen geweckt. Die Gedanken begannen wieder zu kreisen, die Sorge um die Gesundheit meiner Frau und die vielen mir ans Herz gewachsenen Menschen in unseren Betrieben legte sich wie ein Berg auf die Seele. In der nächtlichen Dunkelheit sieht alles schwerer aus als am Tage. Aber der Mensch kann viel ertragen. Alle Sorgen sind relativ. Mögen sie auch noch so schwer sein, sie treten zurück, wenn eine neue, noch ernstere kommt.

Durch meinen Bruder erfuhr ich, daß die Gestapo mich beobachtete, weil ich im Verdacht stünde, vorherige Kenntnis von dem Attentat gegen Hitler am 20. Juli gehabt zu haben. Eine Verwandte unserer Leute war sechs Tage vor dem Anschlag in Launingken gewesen und hatte dort erfahren, daß ich zu unseren Arbeitern in bestimmter Weise Äußerungen gemacht hätte, die nach kurzer Zeit eine große Änderung in Aussicht stellten. Nichts von alledem war wahr. Die junge Frau war an dem gleichen Tage in Launingken gewesen, als in der Nacht vorher alle Männer zum Schanzen an die Grenze gebracht und unsere Arbeiterfrauen in großer Aufregung waren. Ich hatte mich am Nachmittag zu ihnen in die Wohnungen begeben, um sie zu beruhigen. Zufällig hatte mich am selben Tage Ernst Köstring besucht, der aber mit dem Attentat in keinerlei Verbindung stand. Mein Zuspruch, Ruhe zu bewahren, und die roten Generalshosen dazu hatten genügt, um in dem Kopf der ungebildeten, erfinderischen Frau allerlei für mich sehr gefährliche Kombinationen entstehen zu lassen, die sie als Tatsachen weitergegeben hatte, ohne indes absichtlich Böses gegen mich zu bezwecken.

Zunächst nahm ich die Sache nicht schwer. Mein Gewissen war rein und die Vorstellung, daß Recht auch Recht bleiben müsse, war noch nicht aus meinem Bewußtsein gewichen. Bald wurde das anders. Immer wieder stand ein Gestapoauto an den Arbeiterwohnungen. Die Frauen wurden nach mir ausgefragt. Der alte Launingker Kämmerer Schulzig kam zu mir und sagte, ich solle auf der Hut sein, die Gestapo habe schwersten Verdacht gegen mich; ich sei mit den Verbrechern des 20. Juli verwandt und habe gewußt, was geplant gewesen sei. Die Frauen sollten das nicht abstreiten und mich nicht in Schutz nehmen. Wenn ich ein Volksschädling sei, müßte ich beseitigt werden ... Meiner Frau wegen machte mir die Sache schwere Sorgen. Aber ich unternahm nichts in der Angelegenheit, sprach nur einmal mit den Arbeiterfrauen und empfing dort die mich stärkende Quittung für unser Zusammenleben durch Generationen. Sie standen alle zu mir und hatten sich nichts in den Mund legen lassen. Eine Frau sagte mir damals „Er wird bald wieder hier sein. Aber das schadet nichts. Wir sind jetzt dreister geworden. Die Kinder passen draußen auf. Wenn das Gestapo-Auto kommt, laufen sie in alle Wohnungen und rufen: ‚Der Geheime kommt, der Geheime kommt.' Dann gehen wir zu denen, die nicht so gut mit dem Mund können, und wenn er da ist, bekommt er mehr zu hören und anderes als er will."

Die Frauen waren aufrichtig. Das fühlte ich. Ich war beruhigt und fuhr oft zwischen Guja und Launingken hin und her, um allem gerecht zu werden. Aber es trat keine Beruhigung ein. Nachbarn und Bekannte hielten mich für verhaftet oder schon tot, und ein alter Gendarmerieoberwachtmeister aus der früheren Zeit sagte mir, daß es doch zu einer Verhaftung kommen würde und daß ich dann besten Falles mit einer endlosen Haft rechnen müßte, weil durch das um sich greifende Gerücht der Zeugenkreis sich weiter vergrößere. Bis diese alle zur Vorladung kämen, würden Jahr und Tag vergehen. Das war einleuchtend. Ich verzichtete auf weitere Ratschläge, rief vom Landratsamt die Hauptstelle der Gestapo in Insterburg an und sagte, ich müsse annehmen, daß Verdacht gegen mich bestünde. Ich wollte mich freiwillig zur Verfügung stellen und alle Verdachtsmomente gegen mich durch die Beantwortung der mir vorgelegten Fragen aus der Welt schaffen. Ich wurde zum übernächsten Tag bestellt.
Auf der Rückfahrt nach Guja fuhr ich zu Milthaler heran. Ich traf ihn auf seinen von den Trecks kahlgefressenen Weiden und Angerappwiesen. Er war gerade von einigen Wochen Schanzen an der Grenze zurückgekommen. „Ein furchtbares Durcheinander herrscht dort", sagte er. „Die richtige Leitung fehlt. Menschen sind viel zu viele da. Ich habe meine Beobachtungen gemacht. Jetzt bin ich froh, wieder in meinem eigenen Bett liegen zu können." Als er meine

Sache erfuhr, wurde er ernst. „Wenn Sie nur nicht dort behalten werden! Kommen Sie doch auf der Rückfahrt hier an mir vorbei.“ Das versprach ich und fuhr nach Guja.

Das Warten bis zur Entscheidung am übernächsten Tag wurde meiner Frau und mir erleichtert durch das Wissen, daß ich unschuldig war und geführt werden würde. „Es kann mir nichts geschehen, als was ER ausersehen und was mir heilsam ist.“ Wir fuhren auf unseren See, stellten Netze und machten einen guten Fang an großen Fischen. Roman bekam den Auftrag, sie für uns und seine Landsleute zu räuchern. Die goldgelben, nach frischem Rauch duftenden Fische waren sehr beliebt.

Am übernächsten Tage machten meine Frau und ich uns zeitig auf den Weg zur Gestapo. Wegen meiner getrennten Betriebe hatte ich mein Auto noch zur Verfügung. Nach zwei Stunden hielten wir in dem von russischen Bomben schon sehr zerschlagenen Insterburg vor dem Hause der Gestapo. Meine Frau ließ ich im Auto und ging hinein. Sie in Ungewißheit warten zu lassen, ob ich wiederkäme, war mir schwer. Ich meldete mich in einem großen Raum, wo andere Menschen von Gestapobeamten verhört wurden, und mußte warten, bis der Beamte, der mich vornehmen sollte, frei war. Aber ich bekam einen Stuhl.

Seine erste Frage war: „Wie wissen Sie überhaupt, daß Verdacht gegen Sie besteht?“ Ich sagte, daß ich

von meinen Arbeiterfrauen erfahren habe, was mir zur Last gelegt würde, und daß ich hergekommen sei, um an mich gerichtete Fragen wahrheitsgemäß zu beantworten.
Er fuhr mich laut an: „Die Frauen können Ihnen gar nichts gesagt haben, weil ich ihnen das verboten hatte. Aber Ihr Gewissen ist schlecht, deshalb halten Sie es nicht aus, abzuwarten bis wir Sie holen.“ Ich blieb ruhig, betonte aber mit Schärfe, daß meine Arbeiterfrauen mir alles sagten, wenn mein Leben durch die Gestapo unschuldig bedroht und ich als Volksschädling bezeichnet würde, auch wenn er es ihnen verboten hätte. Die Launingker Arbeiterfrauen besäßen Gerechtigkeitssinn und wären nicht auf den Mund gefallen. Sie sagten, was sie für richtig hielten. Er hätte das ja wohl selbst erfahren bei seinen vielen Vernehmungen gegen meine Person.
Er schien von meiner Antwort befriedigt. Das Verhör war indes sehr umständlich, und meine Gedanken gingen zu meiner Frau. Als zwei Stunden vorüber waren, sagte ich: „Unten wartet meine Frau und ist in Sorge, ob ich hier wieder herauskomme. Ich möchte sie beruhigen, wenn Sie erlauben?“ Seine Antwort darauf lautete wörtlich: „Ja, Herr von Sanden, sagen Sie der gnädigen Frau, daß wir in zwei Stunden fertig sind.“ Ich lief die Treppe rasch hinunter, damit er nicht Verdacht schöpfen sollte, und rief meiner Frau durch das offene Autofenster zu: „Es geht alles gut! In zwei

Stunden sind wir fertig." Schnell war ich wieder bei ihm.

Von Beginn der Vernehmung an hatte ich gleich gemerkt, daß er meine Aussagen, wo es möglich war, immer noch günstiger für mich abzufassen suchte. Als wir uns bei seinen Fragen und meinen Antworten gerade wieder Auge in Auge gegenübersaßen, schallten nicht weit von unserem Tisch laute Schläge in das Gesicht eines jungen, schwächlichen Polenmädchens. In den Augen meines Gegenübers flammte ein böser, empörter Blick auf. Er sprach und schrieb nicht weiter. Wir hörten die weinende Stimme des Mädchens: „Ich nicht mit Willen Teller zerschlagen! Aus Angst vor Bombenplatzen fallen gelassen!"

Aus dem Gespräch des Gestapoleiters und des Ehepaares, welches das Polenmädchen auf die Gestapostelle gebracht hatte, entnahm ich, daß es die Insterburger Bahnhofswirte waren. Das unglückliche Mädchen wurde abgeführt. Mein Verhör ging weiter. Nach kurzer Zeit wurden zwei Russen hereingeführt, mit denen auch nicht alles zu stimmen schien. Sie wurden angeschrien und gefragt, ohne zu verstehen, was sie sollten. Sie sahen müde und gleichgültig aus. Zwei Gestapoleute gaben sich mit ihnen ab, scheinbar ohne jeden Erfolg. Dann schienen sie böse zu werden oder so zu tun, zogen ihre Revolver, spannten die Hähne und stellten die Russen mit den Gesichtern zur Wand. Die Russen blieben stumpf und traurig. Auch das Knacken

der Revolverhähne ließ sie kalt. Dann wurden sie abgeführt.
Nicht lange danach sagte mein Gestapomann: „Nun sind wir fertig", stand auf und kam nahe an mich heran, als wolle er mir etwas sagen, und tat es auch mit leiser Stimme: „Ich habe eine Bitte an Sie, Herr von Sanden. Ich habe in dieser Woche einen freien Tag. Darf ich zu Ihnen kommen, mein Herz freisprechen?"
Mir hatte schon etwas in dieser Richtung geahnt und ich sagte: „Sehr gerne. Ich werde für Sie da sein und freue mich, wenn Sie kommen."
Mein Händedruck hat ihn sicher von meiner Aufrichtigkeit überzeugt. Aber er ist nicht gekommen. In der nächsten oder übernächsten Nacht ging ein schwerer Bombenangriff über Insterburg nieder. Mir hat es leid getan, ihn nicht mehr gesprochen zu haben.
Die Rückfahrt nach Guja war leichter. Herr Milthaler stand auf der Chaussee und sah nach mir aus. „Gott sei Dank", sagte er, „wenigstens das ist nun in Ordnung."
Ja, diese Sache war vorüber und ihr Ausgang bewahrte mich vor einer neuen Verdächtigung. Der Nachbar, der mich wiederholt erfolglos wegen Polenfreundlichkeit angezeigt hatte, erstattete gegen mich eine neue Anzeige, jetzt wegen Russenfreundlichkeit. Auf Befehl der Partei mußten die Wachleute meines Russenlagers im Wiesenhof mit ihren Russen an Sonntagen Spaziergänge, sogenannte Propagandamärsche, mit

Musik in die Umgegend machen. In diesem Fall geschah das mit den einzigen Instrumenten, die der Wiesenhof besaß: der den Russen von mir in ihr Lager gegebenen Handharmonika und der Balalaika, die sich der eine unserer Russen geschnitzt hatte. Der erste Nachmittagsmarsch ging „durch die Felder, durch die Auen“ und an dem mir nicht gut gesonnenen Nachbarn vorbei.

Diese angeordneten Märsche waren vollkommen sinnlos in dem, was sie bezwecken sollten, wie auch in jenem Zeitpunkt ganz verfehlt. Jetzt erst war die zuständige Parteileitung darauf verfallen, meine fleißigen und ruhigen Russen für sich zu gewinnen. Unter dem Dröhnen der Geschütze ihres Landes sollten sie die frühere schlechte Behandlung in jenem Sterbelager, aus dem ich sie erhalten hatte, vergessen und zu Deutschland halten! Ein irrsinniger Befehl kurz vor dem Einmarsch der Russen, die von Hitlers Anordnung, seinen Taten in der Ukraine und den von Stalin in Ostpreußen freigegebenen Racheakten wußten!

Der schon seit langem gegen unsere friedlich laufenden Betriebe schlecht eingestellte Beamte eines Nachbarn schrieb diese Sonntagsausflüge meiner eigenen Erfindung zu. Die Anzeige wurde abgelehnt, er selbst aber wurde dadurch mir noch feindlicher. Nun geschah es, daß er kurze Zeit danach ganz nahe meiner Grenze erschossen aufgefunden wurde. Zunächst blieb die Sache geheimnisvoll. Dann aber wurden vier oder sechs russische Fallschirmjäger in jener Gegend gefangen. Einer von ihnen sagte von selbst aus, daß er ihn erschossen hätte, weil er von ihm entdeckt und angerufen worden wäre. Trotz dieses klaren Sachverhaltes versuchte ein Angehöriger des Erschossenen, mich bei der Feldgendarmerie und nach deren Ablehnung der Anzeige bei der Insterburger Hauptstelle der Gestapo, bei der ich vor ganz kurzer Zeit gewesen war, anzuzeigen: wegen Mordes oder Beihilfe zum Mord an seinem Verwandten. Die Tat könnte auch von meinem Waldwärter Röhrig verübt worden sein. Doch die Anzeige wurde abgewiesen. Der Leiter der Hauptgestapo-Stelle kannte mich ja nun, und der russische Täter war von sich aus geständig. Der Steckschuß im Körper des Erschossenen ergab nach der herausgeschnittenen Kugel, daß diese genau mit den übrigen Revolverkugeln des Russen übereinstimmte.

Die unerbittlichen Anzeichen für den Untergang unserer Heimat wurden nicht von uns genommen — und das blieb das Schwerste. Manchmal stellte ich das Radio in der Hoffnung an, es könnte etwas Erlösendes eingetreten sein, dieses ganze Elend zu beendigen. Aber es war jedesmal nur von Haß und Vergeltung die Rede. Rasch stellte ich wieder ab.

Das Russenlager auf dem Wiesenhof

An die Russen vom Wiesenhof haben wir nur gute Erinnerungen, einschließlich der fünf deutschen Wachleute. Fast zwei Jahre später als unsere Polen kamen die Russen zu uns. Dachte ich an ihre Landsleute aus dem Ersten Weltkrieg 1914/18, konnten sie sich nicht so ungünstig verändert haben, wie die Nazi-Zeitungen über sie berichteten. Es war mir von Anfang an unwahrscheinlich erschienen.

Hitlers Plan, die Ukraine deutsch zu machen, kannte ich nur vom Hörensagen und äußere mich nicht zu dem Sterbenmüssen dortiger Bewohner oder auch solcher aus anderen Gegenden Rußlands. Eine, die russischen Gefangenen herabsetzende Propaganda war vom Kriegsbeginn im Gange gewesen. In den früheren Kriegen gab es so etwas nicht. Es war gegen die Kriegsregeln. Als sich aber sehr bald herausstellte, daß Deutschland in der Heimat dringend Arbeiter brauchte, straften sich alle bisherigen Unwahrheiten gegen die Russen Lügen. Das machte einen schlechten Eindruck.

Köstring, der nie eine Unwahrheit aussprach, inzwischen Armee-Inspekteur geworden war, erzählte mir bei einem seiner sich wiederholenden Besuche bei mir folgendes: Gelegentlich einer Besichtigung und Überprüfung der Arbeiten eingestellter Russen in einer großen deutschen Industriefirma, die besonders feine und präzise Maschinenteile herstellte, ergaben sich allerbeste Befunde. Ein Russe, der geprüft worden war, bat darum, Köstring sprechen zu dürfen. Köstring freute sich darüber und ermunterte ihn. Der Russe sagte: Diese Arbeit könnte er viel besser ausführen. Aber die Werkzeuge, die man ihm dazu gegeben hätte, wären nicht fein genug hergestellt.

Man wollte sich aber nur ungern, nachdem man zu dieser Einsicht gekommen war, durch die bisherigen Aussagen über die Russen Lügen strafen lassen. Denn nun stellte sich heraus, daß sie geschickt genug waren, gute, bessere und ganz hohe Arbeitsqualitäten an den Tag zu legen.

Einer meiner Russen auf dem Wiesenhof hatte zu der von mir in das Lager gegebenen Handharmonika die schon erwähnte Balalaika nur mit Hilfe eines einfachen Taschenmessers geschnitzt, Saiten usw. sich aus primitiven Dingen hergestellt. Sie besaß einen wunderbaren Klang.

Auch mir wurden Russen angeboten. Ich nahm etwa zwölf Mann für den Wiesenhof. Sie sollten aus einem Sterbelager bei Tannenberg kommen. Noch vor ihrer Ankunft erfuhr ich, daß sie aus einem mit Fleckfieber verseuchten Lager stammten, in dem sie den letzten Winter in Erdhöhlen verbracht hatten, die sie sich mit Konservenbüchsenblech kratzten. Es wurde uns auch gesagt, man solle ihnen nicht soviel zu essen geben, „sie wären das nicht gewöhnt". Kämmerer Schneidereit vom Wiesenhof und ich machten uns darauf gefaßt, halbverhungerte Menschen zu bekommen. Als mir ihre Ankunft in Angerburg gemeldet wurde, schickten wir zwei Gummiwagen mit viel Stroh, großen Planen und zwei Treckern zum Bahnhof. Es war kalt und naß draußen. Rechtzeitig war ich auf dem Wiesenhof. Einer der Russen mußte wohl ein Feldwebel oder etwas ähnliches sein. Er machte Anstalten, die anderen in Reih und Glied zu bringen, konnte sich aber selbst kaum auf den Beinen halten. Ich winkte ihm ab. Ein Blick der Dankbarkeit traf mich aus seinen hohlen, müden Augen. Kämmerer Schneidereit brachte einen leichten Wassereimer und bedeutete den Russen, Wasser aus der klaren Angerapp zu schöpfen, die in unmittelbarer Nähe vorüberfloß. Den Russen ließ ich an jenem Abend wegen ihrer Erschöpfung durch lange Hungerzeiten und geschwächte Mägen nur Tee geben. Zwei Mann mußten den nur zur Hälfte mit Wasser gefüllten Eimer die etwa zwölf Schritte bis über die Schwelle ihres Hauses tragen. Zwei andere Russen holten mit Mühe dasselbe Quantum noch einmal. An jenem Tage habe ich zum ersten Male gesehen, wie merkwürdig Menschen aussehen, die keine Spur von

Waden mehr an ihren Beinen haben, nur Haut und Knochen, mit einer Art von alten Wickelgamaschen umwunden. Vom nächsten Tage an ließ ich den Russen mehrmals Haferschleim in ganz kleinen Portionen geben und sie dann langsam und mit Vorsicht an anderes Essen gewöhnen. Auf einem Nachbargut waren die Russen mit Erbsensuppe und Schweinefleisch empfangen worden. Am anderen Morgen gab es eine Anzahl Tote.

Als ich allein durch den stillen Abend in Großvaters hundertjähriger Lindenallee nach Launingken ging, war mir ruhig und froh zumute. Es mußte ja wirklich Freude bereiten, solch armes, mißhandeltes Volk zugeteilt zu bekommen und in der Lage zu sein, es wieder aufzufüttern und gutgesinnte und fleißige Menschen zu haben.

Bis auf einen Mann — von Beruf Schmied — erholten sich alle in verhältnismäßig kurzer Zeit. Nach etwa zwei Wochen kam ein Wachmann zu mir und meldete, daß einer der Russen sich nicht bessere; er müsse ihn nun befehlsgemäß zu seiner Dienststelle bringen, weil die Frist für ihn abgelaufen sei.

„Was wird dort mit ihm gemacht?" fragte ich.

„Er wird erschossen", sagte der Wachmann.

„Der Russe bleibt hier, auf meine Verantwortung."

„Er nützt Ihnen ja nichts mehr, zwingt sich selber kaum", war die Antwort des Wachmannes.

„Habt ihr denn alle kein Herz mehr in der Brust? Er bleibt hier. Das Essen erhält er ja sowieso von mir."

Einige Zeit später traf ich zufällig auf dem Wiesenhof mit dem militärischen Leiter der kriegsgefangenen Russen unseres Kreises zusammen. Er war ein älterer, freundlicher Oberstleutnant der Reserve, der mir gleich aus seiner Erfahrung einen sympathischen Rat erteilte: „Die Russen sind keine so furchtbaren Menschen, wie man oft zu hören bekommt", sagte er. „Wenn ich Ihnen raten kann, behandeln Sie die Russen freundlich. Geben Sie ihnen möglichst gutes und ausreichendes Essen. Sie werden es Ihnen durch ihre Arbeit danken. Sollte es Ihnen jetzt in den ersten Wochen möglich sein, lassen Sie ihnen morgens ein Ei zukommen. Das lieben sie sehr und es bringt sie schneller wieder hoch."

Auf dem Lande konnte man so etwas ohne weiteres machen. Ich hielt mich an den Rat. Meine Leute würden mich schon nicht verraten! An einem der nächsten Tage stand mir auf dem Wiesenhof unerwartet ein unbekannter junger Parteigenosse gegenüber. Er hatte von der Partei aus über die Russen zu wachen. Gleich beim ersten Anblick erschien er mir unsympathisch, eingebildet und überheblich. Das Quartier der Russen war ihm zu gut: übereinander stehende Betten nach Kasernenart mit Strohsäcken, Kopfpolstern und Dekken. Er machte ein böses, hartes Gesicht, sah sich die verhungerten Menschen mit kalten Augen an und rief: „Solche Behandlung haben die Hunde nicht verdient. Ich kann Ihnen nur raten: statt Essen Hiebe, statt Strohsäcken und Decken in den Schweinestall!"

Er sah mich herausfordernd an. Meine Antwort war: „Können Sie dann mit solchen Menschen arbeiten? Ich nicht. Diese sind letzten Endes auf Veranlassung des Führers hierhergeschickt worden mit dem Befehl, ihre Arbeit zu verrichten, und dementsprechend werde ich die Menschen auch halten und behandeln." Er verschwand, ohne ein Wort zu sagen.

Der ganze Nationalsozialismus wurde mit den Jahren immer zwiespältiger. Behörden und Parteileitung waren zweierlei. Je länger der Krieg dauerte, desto mehr Differenzen lebten auf. Noch wurden sie nicht laut geäußert. Aber sie waren da, nagten im stillen, zwangen zum Nachdenken, untergruben die hochgespielte Führertreue und ließen für jeden, der imstande war, klar zu denken, den Zusammenbruch als unvermeidlich erscheinen.

Wer damals von außen in unser Deutschland hineinsah, konnte vielleicht den Eindruck gewinnen, daß die Mehrzahl von uns hinter Hitler stand oder zumindest nicht gegen ihn auftrat. Wer aber hier lebte, für den sah es anders aus. Die Jugend allerdings sah zu einem großen Teil nicht durch. Das war auch nicht zu verlangen. Sie glaubten an den Fahnenkult der HJ. Das Gefühl für Gott wurde immer geringer. Das vierte Gebot verlor seinen tieferen Sinn. Das Verhältnis zu den Eltern verschlechterte sich. Unsere eigenen Kinder haben uns damals keine Schwierigkeiten bereitet. Auf dem Lande trat der Nationalsozialismus nicht so hervor. Wir Landmenschen wollen, um unsere Erde bestellen zu können, Zeit und Ruhe haben. Außerdem sind wir durch die Natur belehrt worden, daß Bäume nicht in den Himmel wachsen.

In den Städten war der Druck, der Zwang, die Kontrolle und die Beobachtung viel stärker. Das alles gehört zu den Spätzeiten der Völker, in denen das Land immer mehr aus den Städten regiert und bevormundet wird. Wie sollten wir aufstehen und das Nazi-Regiment stürzen? Es war ein bis ins Kleinste raffiniert ausgetüfteltes System. In dem Buch „Offiziere gegen Hitler" steht so manches, und was soll man zu der tödlich gemeinten Bombe des 20. Juli 1944 in Steinort nicht weit von Guja sagen? Ich kann und will mir dazu kein Urteil erlauben! Aber auch, wenn Hitler dabei umgekommen wäre, hätte es Deutschland nichts geholfen. Es war zu spät! Wir hätten trotzdem die letzte bittere Neige trinken müssen.

1864, 1866, 1870/71, bis dahin wäre es vielleicht vertretbar gewesen, wenn wir nicht zuviel gewollt hätten in unserem Aufstieg, dem Weiterdrängen und der eigenen Überschätzung. 1914/18 war ein nicht mehr gutzumachender Fehler. 1939/45 war ein Wahnsinn, den hier bis in alle Einzelheiten schildern zu wollen, dasselbe sein würde.

Als unsere Russen nach einem halben Jahr ganz gesund und leistungsfähig waren, nahm ich sie vorübergehend nach Launingken, um sie bei der geplanten Wasserversorgung für die dreiundvierzig Arbeiterfamilien des Hauptgutes mitarbeiten zu lassen. Heute, da ich dieses nach etwa dreiundzwanzig Jahren schreibe, glaube ich fast, mich mit Recht fragen zu müssen: „Was hast du dir eigentlich dabei gedacht?" Einen Niedergang mit dem Ende eines Verlustes von allem vor Augen — und dann noch eine solche kostspielige, schwierige und langwierige Arbeit beginnen? Wie soll man das heute verstehen? Damals schien einem Untergang und Verlust von allem schon greifbar nahegerückt und dann wieder hoffte man, weil man ein Mensch blieb: heute sieht das Leben schwarz aus, am nächsten Tage will Gleichgültigkeit aufkommen, am dritten: noch steht ja alles, es kann noch gut werden. Gott ist ja auch noch da.

Und jetzt, während ich schreibe, steht mir alles wieder klar vor Augen: jene Arbeit war doch gut und auch nicht vergeblich. Unser liebes, altes, warmes Launingker Haus haben sie 1945 in ihrem bis zur Weißglut geschürten Haß niedergebrannt, alles andere aber stehen gelassen, unsere Gräber nicht berührt und die Kreuze geschont.

Ein Launingker Arbeiter war mit seiner Frau trotz der grausamen Vertreibung wieder zurückgegangen, er hing zu sehr an seiner Heimat. Schon in Friedenszeiten hatte er einmal Ähnliches getan, als er des besseren Verdienstes wegen in das Industriegebiet gegangen war. Nach einiger Zeit hatte er mir dann geschrieben, ob ich ihn nicht wieder nach Launingken zurücknehmen könnte und ihm bei den Umzugskosten helfen würde. Ich tat es gerne und er kam. Bei seiner zweiten Rückkehr 1945 ist ihm das Bleiben unter den Russen auf die Dauer nicht gelungen. Eine Zeitlang wurde er geduldet, dann mußte er gehen. Sie haben ihm nichts getan, ihn aber genau über mich ausgefragt und alles in eine Akte eingetragen, was ihnen an guten Einrichtungen für die Launingker Arbeiterschaft aufgefallen war, darunter besonders das durch Elektrizität erzeugte Licht, das elektrische Kochen und Brotbacken der Arbeiterfamilien, die Wohnungen selbst und die Wasserleitungen. Ich habe das und anderes aus Briefen zur Kenntnis genommen, mich für Launingken gefreut, aber nicht nach Einzelheiten gefragt.

Die Arbeit der Russen bei der Wasserversorgung bestand in dem Ausheben des Grabensystems für die Leitungsrohre. Es wurde eine unvorhergesehen schwere Arbeit durch viele Steine und große Findlingsblöcke, auf die wir stießen. Als ich die Russen das erste Mal bei ihrer Arbeit besuchte, mußten sie infolge einer kleinen Bodenerhebung besonders tief in die Erde. Immer wieder stießen ihre Spaten mit hellem Klang auf Steine, die dann freigelegt, bis zu einer flacheren Stelle im Graben geschleppt und herausgewuchtet wer-

den mußten. Die Russen taten dies mit frohen Gesichtern, waren satt, wieder bei Kräften und zufrieden.
Die Arbeiterfrauen hatten sich noch nicht getraut, an die Gräben heranzukommen und die von der Nazi-Partei schlecht gemachten Russen bei der Arbeit zu sehen. Als ich nun dort stand, war die Angst verflogen. Sie strömten aus ihren Wohnungen zu den Gräben in meiner Nähe, sahen vorsichtig hinunter, schüttelten die Köpfe und sagten: „Das sollen Bolschewisten sein? So fleißig, zufrieden und munter? Die Zeitungen haben anders geschrieben. Jetzt brauchen wir keine Angst mehr zu haben." Ruhig gingen sie in ihre Häuser zurück.
Auf eine unmögliche Idee aber kam unsere Parteileitung, als sich der russische Kanonendonner immer mehr unserer ostpreußischen Grenze näherte. Ich erhielt mündlich durch sie den Auftrag, sofort und auch weiterhin für frische Blumen in den Unterkünften der Russen zu sorgen. Da Launingken auf dem Hauptgut zwei Treibhäuser hatte, ließ sich das leicht machen. Außerdem sollten die Wachmannschaften an Sonntagen oder freien Nachmittagen mit ihren Russen Spaziergänge durch die weitere Umgebung unternehmen mit Gesang und Musik, Handharmonika, Laute oder Mandoline.
Dieser Nazibefehl war dumm und so durchsichtig, daß ich dabei Scham vor meinen Russen empfand und die Ausführung den Wachleuten überließ. Kämmerer

Schneidereit, der im Anfang Gutes von Hitler erwartet hatte, wurde sehr ernst und sagte: „Dann wird die russische Armee ja bald hier sein.“ Eine Zeitlang wurde dieser Unsinn durchgeführt. Die gefangenen Russen taten, als sähen sie es nicht, und arbeiteten in gleicher Weise weiter. Noch vor einem Jahr war ich angezeigt worden, weil ich ihnen eine Handharmonika geschenkt hatte. Die Russen waren dadurch angeregt worden. Damals war die Balalaika entstanden. Freundliche Behandlung und gutes Essen achteten sie hoch. Die Blüten aus den Treibhäusern haben ihnen keinen besonderen Eindruck hinterlassen. Ich hoffe, sie haben den Zweck derselben nicht verstanden.

Im Sommer 1944 besuchte mich Köstring in Launingken, als ich dort zu tun hatte. Am Nachmittag war ich frei und fragte ihn, ob er Freude daran hätte, mit mir nach dem Wiesenhof zu fahren und die Russen zu besuchen. Niemand verstand mit diesen Menschen so gut umzugehen wie er.

Er unterhielt sich an jenem Tage sehr anregend und gut mit ihnen. Die Russen machten strahlende Gesichter, daß ein deutscher General ihr großes Rußland so kannte und sich mit ihnen abgab. Köstring mußte mir immer wieder auf deutsch sagen, daß sie, wenn Frieden wird, die Frauen holen wollten und dann hierher zurückkämen. Das war natürlich etwas Unmögliches und das Gleiche las ich auch in seinen Augen.

Alle Arbeit verliert ihren Sinn

Allmählich verlor jede Tätigkeit auf unserem Lande ihren Sinn. Der schöne Wiesenhof war von Bunkern, Schützengräben, Minenfeldern und Überschwemmungen so zugerichtet, daß wir dort keine nutzbringende Arbeit mehr leisten konnten. Die Zugänge zu den Feldern, Weiden und Wiesen waren durch Gräben versperrt, die Flächen selbst so durchstochen, durchwühlt und durchlöchert, daß sich keine Furche mehr pflügen ließ. Von weitem gesehen schimmerte das blaue Wasser der aufgestauten Flüsse über den Wiesen, als wäre es Frühling und die Wildgänse müßten rufen. Kam ich aber näher, gruben überall fremde Menschen in der Heimaterde und sahen mich herausfordernd an: „Was hast du hier verloren?" Als der Wiesenhof für unsere bisherigen Arbeiten ausfiel, begannen dieselben Verwüstungen auf dem Hauptgut Launingken.

Wir wollten trotzdem noch weiterarbeiten und suchten kleine Flächen, die wir zur Herbstsaat vorbereiteten. Es war nicht mitanzusehen, daß unsere gepflegten Felder verkommen und verunkrauten sollten, daß sie durch das tiefe Durchwühlen für die vielen Stellungen

und Bunker auf lange Zeit verwüstet wurden, weil überall der Mutterboden nach unten und die tote Erde nach oben kam. „Ich möchte streben, solange es geht", sagte Kämmerer Schulzig. „Aber nun geht es nicht mehr. Wir haben so wenig Menschen und Pferde. Nicht einmal mit diesen wissen wir, wo wir hingehen, was wir anfangen sollen."
Im Walde war es ähnlich. Das Militär schlug Holz. Ich hatte keinen Einfluß darauf. Meine Waldarbeiter waren zum Schanzen fortgenommen. Ich brachte es nicht fertig, in den Wald zu gehen, wo fremde, gleichgültige Menschen in unseren geschonten Beständen falsch und ungeschickt schlugen. Mein Bruder erlitt ungefähr dasselbe auf seinem Land, das neben Launingken lag und das ich für Guja mit ihm getauscht hatte. Wir trafen uns oft. „Es hat keinen Sinn mehr, zu arbeiten", sagte er, „wenn man aber nichts tut, ist diese Zeit gar nicht zu ertragen."
„Ich werde zu dir fischen kommen", schlug ich vor. „Das macht deinen Kindern Freude. Wir haben für uns und unsere Leute etwas zu essen und selbst eine Arbeit. Jahre ist es her, daß ich auf deinem Schleiensee nicht mehr gefischt habe. Damals waren glückliche Zeiten. Unsere Mutter lebte, Förster Hellwig und der alte Schmiedemeister. Du warst noch ein Kind. Weißt du noch, wie ich dir die beiden großen Hechte von siebenundzwanzig und neunundzwanzig Pfund über den Widerrist deines kleinen Schimmels gehängt hatte

und du mit ihnen nach Hause rittest? Ihre Schwänze schleppten an der Erde."

Mein Bruder sah vor sich hin. Mit der Erinnerung stieg etwas auf in seinem Herzen von dem friedvollen Glück jener Jahre, das unsere Eltern über seine Kindheit und meine Jugend hatten breiten können. Nun besaß er selbst fünf kleine Kinder. Er und seine Frau versuchten auch, einen unvergeßlichen Zauber im alten Heimatland zu schaffen. Aber wie sollten sie das durchführen in diesen Zeiten? Meine Frau und ich wußten, wie unmöglich es war und wie quälend alle Mühe und Liebe, das ererbte geistige Gut nicht in dem Maße anbringen zu können, wie das eigene Herz es so gern wollte. Eine Zeitenwende hatte unser Leben in zwei Teile zerrissen.

Als ich wieder nach Launingken kam, stand vor unserem Hause, in dem ich keinen Raum mehr für mich hatte, unser neuer Ortsgruppenleiter und wollte mich sprechen. Er war der Sohn unseres alten, verstorbenen Zimmermannes, war bei uns aufgewachsen und der beste Spielkamerad meines Bruders gewesen. Jetzt war er selbständiger Maurer- und Zimmermeister und wohnte in dem kleinen Dörfchen, in dem unsere Ziegelei stand. Ortsgruppenleiter war er erst seit kurzer Zeit, sein Vorgänger hatte ein anderes Amt übernommen. Daß der junge Meister Schwarz dieses Amt, wenn auch ohne zu unterschreiben, gerade in dieser Zeit auf sich genommen hatte, war ein Zeichen seines guten Charakters. Parteimitglied war er gleich zu Anfang aus Begeisterung geworden. Jetzt hoffte er, irgendwie helfen zu können.

„Nun, Meister, was bringen Sie mir?"

„Ich bringe nichts, Herr von Sanden. Ich möchte nur einmal im Vertrauen mit Ihnen sprechen."

„Das sollen Sie, Meister, doch im Hause gehört mir kein Zimmer mehr. Wir werden in den Garten gehen. Unter den alten Bäumen ist noch ein liebes Erinnern an schöne, vergangene Jahre zurückgeblieben, die Sie ja mit uns erlebt haben."

Wir wanderten über Wege und Rasenplätze, auf denen er als Kind mit meinem Bruder gespielt hatte, wir setzten uns auf die Bank neben den Gräbern meiner Eltern. Dort hinten im Garten war noch alles unverändert wie im Frieden. Nur die alten Rotbuchen krankten seit den harten Kriegswintern oder waren schon gestorben.

„Besinnen Sie sich noch auf meine Mutter, Meister? Jetzt ist sie schon fünfundzwanzig Jahre tot."

„Ich sehe die Frau von Sanden vor mir, als wäre ich noch gestern mit ihr zusammen gewesen. Solchen Menschen vergißt man nicht. Wie oft habe ich bedauert, daß sie nicht mehr lebt, und auch unsereiner sie nicht mehr um Rat fragen kann."

„Worin brauchen Sie denn Rat?"

„Ach, Rat eigentlich nicht. Man kann ja doch nichts

machen. Aber ich finde mich nicht mehr zurecht. Kann es mit Deutschland noch gut enden?"

„Ich glaube nicht."

„Dann geht alles zugrunde, und was uns gesagt worden ist, war nicht wahr."

„Das stimmt! Vieles, Meister, sehr vieles. Überschätzt haben wir uns und getan, was nicht recht war. Es hat uns die ganze Welt über den Kopf gebracht. Sehen Sie sich mal an, wie klein Deutschland auf der Weltkarte ist."

„Es sollen doch so viele Erfindungen gemacht worden sein und neue Vergeltungswaffen kommen?"

„Ich glaube an deren Erfolg nicht. Was wir auf uns geladen haben, wird nicht mit Wundern und Sieg belohnt werden. Nur wer reinen Herzens ist, kann Wunder vollbringen. Meine Mutter hätte Ihnen dasselbe gesagt."

„Das weiß ich, Herr von Sanden. Aber so viele Menschen haben doch aus ehrlicher Überzeugung und Anständigkeit gekämpft, aus dem festen Glauben, es für eine gute Sache zu tun. Das kann doch nicht alles umsonst gewesen sein."

„Doch! Sehr viele sind zu Anfang getäuscht worden. Allmählich mußten sie aber sehend werden und nach einem eigenen Urteil streben, sich nicht mit blindem Glauben an eine irdische Sache zufrieden geben. Was ist denn das, im besten Glauben, wie Sie es nennen? Erklären Sie das doch mal."

„Ja, Herr von Sanden, wie soll ich das sagen? Wir sind geschult: alles für Deutschland. Alles für Deutschlands Größe, Macht und Herrlichkeit!"

„Dem kann ich bedingt zustimmen, Meister, wenn Sie es so sagen: alles vor Gott und den Menschen Gute, das ich irgend für Deutschland tun kann, will ich tun. Alle können das machen, und wenn es dadurch zu Ansehen in der Welt kommt, können wir mit reinem Gewissen froh und dankbar sein. Aber zu erwarten, daß so schlechte Taten, wie sie jetzt bei uns geschehen, Deutschland wirklich helfen, ist Wahnsinn. Das Hinmorden der Juden, bestellter, selbstveranlaßter Terror und anderes der Art wird uns niemals groß machen. Eine ‚selbstgemachte' falsche Moral ist etwa: Ich muß friedliche Menschen ums Leben bringen, aber ich tue es auf Befehl des Führers zum Besten für Deutschland, deshalb wird es mich später nicht belasten! Und für Deutschlands Wohl ist es nötig und gut, weil er es sagt, ist ebenfalls Wahnsinn. Der König Herodes zu Jesu Lebzeiten war gewiß keine gute und edle Obrigkeit. Jesus hat keinen Schritt getan, sie zu beseitigen. Er sagte aber öffentlich und ohne Furcht: ‚Gehet hin und meldet diesem Fuchs ...' Dadurch hat er unmißverständlich dargetan, daß er ihn durchschaute und ablehnte. Im Gehorsam gegen Obrigkeit und Vorgesetzte gibt es Grenzen. Befehle, die gegen Recht und Gerechtigkeit verstoßen, darf man nicht ausführen. Man soll eben Gott mehr gehorchen als den Menschen. Hätte das jeder von uns da, wo sein Gewissen ihn warnte, getan, wäre alles anders verlaufen und wir ständen jetzt nicht vor dem Untergang unseres geliebten Ostpreußens. Aber ich will Ihnen auch etwas Erleichterndes sagen, es gilt für den größten Teil unseres Volkes. Niemals wäre es zu so furchtbaren Taten und beispiellosen Grausamkeiten gekommen, wenn Hitler und seine Leute uns von Anfang an ihre Pläne auch nur andeutungsweise aufgedeckt hätten. Das aber hat er wohlweislich nicht getan, bis heute nicht. Über das Vorgehen in den KZ und das Töten der Juden kann man manches gerüchtweise hören, aber nicht die volle Wahrheit, obgleich der Zusammenbruch vor der Tür steht. Als der Nationalsozialismus anfing, konnte man rein äußerlich nichts gegen ihn sagen. Deutschland war nach dem verlorenen Krieg in sehr mißlicher Lage. Unsere Feinde hatten uns zu sehr hochgenommen. Es gab genug Anzeichen dafür — Arbeitslosigkeit, Knappheit, Einschränkungen, Unzufriedenheit, Kommunismus und so weiter. Hitler gab ein Programm heraus, das gut und hoffnungsvoll klang. Wenn es nur beibehalten worden wäre! Auch ich konnte nichts dagegen sagen. Hätte ich nicht damals ‚Mein Kampf' gelesen mit seinen Abschnitten über die Juden, hätte ich selbst nicht noch vor der Machtergreifung zufällig ein erstes Vorgehen seiner Anhänger und Parteigenossen gegen die jüdischen Kaufleute in Königsberg erlebt, trüge ich vielleicht jetzt auch das Hakenkreuz auf der Brust und müßte es um des Ergehens von Frau und Kindern willen noch weiter tragen!"

Lange war der junge Meister still. Wir verließen den friedlichen Platz. Die Gedanken arbeiteten in ihm. Als wir uns trennten, sagte er:

„Es kann doch nicht alles umsonst gewesen sein. So viele haben es gut gemeint. Sie haben nicht durchgesehen. Wie sollen wir ungelehrten einfachen Menschen das? Sie haben Leben und alles geopfert. Es muß doch noch ein Wunder geschehen!"

„Meister, Meister, Sie täuschen sich selbst. Das deutsche Volk hat zwar Unendliches geopfert und wird noch viel, viel mehr opfern. Aber eines durften wir nicht zum Opfer bringen: die eigene Seele! Wir haben es getan und es wird kein Wunder geschehen."

„Wird denn ganz Deutschland zu Grunde gehen?"

„Es wird tief unten durch müssen. Ob es von den Taten Hitlers jemals frei wird? Das wird sehr lange dauern, von uns selbst abhängen und von den guten Kräften des deutschen Volkes, die in schweren Zeiten selbstlos und stark sein können."

„Mit Begeisterung bin ich damals beigetreten, weil alles gut war, was sie versprachen. Ich war auch guten Willens und bin es noch. Sonst hätte ich das Amt meines Vorgängers nicht in dieser kritischen Zeit übernommen. Unterschrieben habe ich es nicht. Sie wollten mich zwingen dazu, weil es keiner wollte, aber ich tat es nicht. Jetzt versuche ich auszugleichen, wo ich kann. Aber wie soll ich meinen guten Willen zeigen, wie ihn durchsetzen?"

„Solange Sie an die Partei gebunden sind, wird es nicht gelingen. Ich weiß Ihnen keinen anderen Rat, als Soldat zu werden und das Parteiamt schwimmen zu lassen, wie es auch mein Bruder, Ihr alter Spielkamerad, machen wird. Dann werden Sie ehrlich vor sich selbst."

Wir trennten uns. Seine Augen sagten:

„Recht hast du, aber wie das jetzt anfangen ohne das Schicksal meiner Familie aufs Spiel zu setzen?" Dann ging er still fort, einer von Tausenden, die sehend wurden und in großen seelischen Nöten lebten.

Am nächsten Tage nahm ich mein Staknetz und die lange Stakrute, die schlank und fast astlos in unserem Walde gewachsen war, und ging die alte Lindenallee zu meinem Bruder an den kleinen See bei Friedrichsfelde. Überall neben der Straße arbeiteten Armierungsarbeiter an Stellungen. Ich sah sie nicht und hörte nicht, was sie mir zuriefen. Meine Augen hingen an den starken Lindenstämmen, an ihren dunkelgrünen Kronen, die sich über mir schlossen. Ich vernahm den Wind in dem fächelnden Laub und dem krausen Gewirr der Äste. Es war das alte, immer verstandene Lied meiner Heimat. Durch den Wind war sie verbunden mit den großen Seen, aus denen mein Fluß kam, mit der Bernsteinküste der Ostsee, mit den Wolken, die er über alles dahinwandern ließ. Noch anderes, Unsichtbares lag in dem leisen Brausen des Windes, in dem Spielen und Flüstern der unzähligen Lindenherzen.

Einst fuhr mein Vater dieselbe Straße oft nach Guja zu meiner Mutter, die damals seine Braut war. Später wurde ich dann, als Kind zwischen meinen Eltern sitzend, mitgenommen, auch nach Guja oder auf die Launingker Felder. Damals erschienen mir die Bäume groß und gewaltig. Das sind sie für mich geblieben, auch heute noch. Es ist so, als hielten sie die Vergangenheit fest mit ihren starken Armen. Als könnte es unmöglich dazu kommen, daß ich den Sommerwind nie mehr in ihren Kronen spielen sehen sollte, nicht den frischen Herbstwind hören, der die langen, weißen Altweibersommerfäden an sie hing und das schon gelblich gekräuselte Laub unter einer verklärten Sonne durchwehte, nicht das Brausen des Schneesturms und nicht die Lüfte des Frühlings mit den Wildgansschreien über ihrem krausen, noch kahlen Gezweig. Alle lieben Menschen der Heimat waren unter diesen Linden gegangen, gefahren, geritten: Förster Hellwig mit seiner braunen Stute, den Hunden und seinem langläufigen Gewehr; der alte Schmiedemeister, wenn er mit seiner Lokomobile zum Dreschen des Getreides auf die Launingker Vorwerke fuhr; am meisten wohl Kämmerer Schulzig auf dem Wege zu seinen Feldern, den pflügenden Gespannen und arbeitenden Leuten. Jubelnd klang im Frühling aus den aufbrechenden Knospen der Schlag der Buchfinken, das weiche Flöten der Stare, das Gurren der Wildtauben.

Dies alles und vieles mehr war so besonders schön gewesen, weil die Lindenstraße nach Hause führte, weil an ihrem Ende unser Haus lag, das älter war als der gestorbene Kastanienbaum, älter auch als die Linden, aber viel jünger als der Fluß, der an ihm vorüberströmte. Die traulichen Räume, die alten Möbel hatten Generationen gesehen und standen fest und sicher in ihrer einfachen Schönheit. In den eingelegten Schränken lag die Wäsche, die Eltern und Großeltern hatten spinnen und weben lassen. Der Flachs hierzu war auf unseren Feldern gewachsen und mit dem Wasser aus meinem Fluß gebleicht.

Und jetzt? Was geschah jetzt mit unserem Haus und mit allem, was es barg? Eine Kaserne war es geworden, wüst und verkommen. Noch lagen deutsche Menschen darin. Wie lange? Die Russen standen in der Rominter Heide.

Vor mir lag der kleine Schleiensee und dahinter die roten Dächer von Friedrichsfelde. Wir trafen uns am Boot und fuhren auf den See. Ich stand vorne in der Spitze mit meinem Staknetz. Hinten und in der Mitte saßen mein Bruder, seine Frau und sein ältester Junge. Er liebte das Fischen und verfolgte das Ausschieben des Netzes mit der Stakrute, das Treiben der Fische und das Wiedereinziehen mit aufmerksamen Augen. Wir fingen große Schleien, Karauschen und Hechte.

Diese naturnahe Arbeit, die von den Menschen schon vor tausend Jahren betrieben wurde, war eine Wohltat. Sie beruhigte von der zerreibenden Kopfarbeit, die alles tat, sich dem Untergang entgegen zu stemmen, und doch nichts vermochte.

Auf dem tief gelegenen See war das Schießen von der Front deutlich zu hören. Aber wir beachteten es nicht bei der Freude über die im Boot sich mehrenden Fische. Allmählich kamen unsere Gespräche darauf, was wir tun sollten, wenn die Russen weiter vorgingen. Unsere Pläne, die vielen zu unseren Betrieben gehörigen Familien in leidlicher Ordnung westwärts zu führen, drohten durch das Aufrufen zum Volkssturm durchkreuzt zu werden. Wir behielten so gut wie keine Männer mehr.

„Sollte man noch einmal eine andere Zeit erleben", sagte mein Bruder, „will ich nur einen ganz kleinen Wirkungskreis haben. Ich werde Schäfer oder meinetwegen auch Treckerführer auf einem Gut, komme für meine Herde auf oder für die Furchen, die ich zu pflügen habe, und werde glücklicher sein."

„Leichter ist es schon, als für große Sachen und für viele Menschen die Verantwortung zu tragen und doch nicht das tun zu können, was man für richtig hält. Auch ich steige gern herab. Wenn du Schäfer wirst, will ich Fischer werden. Es ist gut, nahe an der Erde zu bleiben und nicht menschenscheu oder gar menschenverachtend zu werden. Der große Sprung ins

Dunkle wird bald kommen. Wer weiß, wo wir aufwachen werden?"

„Entweder gar nicht mehr auf dieser Welt — oder in der Heimatlosigkeit! Dort, wo wir auch als kleine Leute wieder von vorne anfangen müssen. Doch wir haben Vorteile. Wir verstehen praktische Arbeit und können uns bescheiden. Das haben uns die Eltern gelehrt."

„Heimatlosigkeit ist schlimm", sagte mein Bruder, „aber wir sind lange genug darauf vorbereitet worden durch das, was wir hier zu Hause in den letzten Jahren durchgemacht haben." Als wir uns am Abend trennten, verabredeten wir, in der nächsten Woche wieder an einem Tage zu fischen. Es ist nicht mehr dazu gekommen.

Die Russen griffen an und gingen wieder ein Stück vor. Launingken und Friedrichsfelde kamen dicht hinter die Front zu liegen und mußten Hals über Kopf räumen. Ich war gerade in Guja, hatte wohl das verstärkte Schießen gehört, erfuhr aber von der überstürzten Räumung erst, als der vorderste Treckwagen bei mir auf den Hof fuhr. Eine Völkerwanderung brach über Guja herein. Außer unseren Leuten und denen meines Bruders kamen noch Nachbarn. Es gab kein einziges leeres Plätzchen, obgleich alles Vieh und die Pferde in die Koppeln gelassen wurden. Wenige Männer, viele Frauen und Kinder, Alte, ganz Alte und Kranke waren gekommen. Die Wagen waren viel zu schwer beladen. Niemand wollte etwas zurücklassen. Die Russen gingen zunächst nicht weiter vor, die Trecks stauten sich in Guja. Keiner verläßt die Heimat leicht. In jedem lebt bis zum Äußersten die Hoffnung, wieder zurückfahren zu dürfen.

Wir selbst kamen in den nächsten Tagen nicht zur Besinnung, auch nicht einmal zu der Erkenntnis, daß diese Überschwemmung in Guja den Verlust von Launingken bedeutete, des Landes um meinen Fluß, der eigenen Arbeit und der von Generationen. Das wurde mir erst klar, als ein riesiger Viehtreck — von Soldaten getrieben — über Guja kam: viele tausend Milchkühe mit müden, hängenden Köpfen oder vor Schmerzen in den tagelang nicht gemolkenen Eutern brüllend. Dazwischen gingen auch unsere Kühe aus Launingken und dem Wiesenhof. Sie waren es gewesen, die in geldknappen Zeiten unser Land geschützt hatten, die, auf seinen Weiden und Koppeln herangewachsen, mich so oft in ihrem leuchtenden Schwarz-Weiß von weitem auf den grünen Flächen gegrüßt hatten. Für unsere fliehenden Menschen konnten wir sorgen. Sie hatten auch selbst Lebensmittel mit. Aber für das arme Vieh war ich außerstande, etwas zu tun. Eine Nacht lang hielten sich die Massen in Guja auf.

Am nächsten Morgen waren alle Zäune zerbrochen, alle Flächen wie abrasiert und für das Vieh in Guja, das nicht in die Ställe konnte, war nichts mehr da. Wir hatten Oktober. Es wuchs nichts mehr nach. Die

Richtung, in welche der große Viehtreck abgezogen war, blieb kenntlich durch viele tote Tiere.
Nach einer Woche war die Lage so, daß uns auch die Menschentrecks in westlicher Richtung verließen. In Guja kehrte wieder Ruhe ein. Es war ein merkwürdiger Zustand. Dicht hinter der Front saßen wir wie neben einem Pulverfaß, das jeden Augenblick explodieren konnte, räumten auf, ergriffen wieder Besitz von unseren Stuben, brachten das Vieh in die Ställe, begannen wieder zu arbeiten, für das nächste Jahr zu pflügen, zu dreschen. Der wahnsinnige Stellungsbau war in Guja noch nicht im Gange. Aber die Ruhe dauerte nicht lange. Nach wenigen Tagen setzte er mit vielen hundert litauischen Arbeitern ein und unsere Arbeit stand still.
Wenn ich von unserem Haus zum See gehen wollte, mußte ich über Schützengräben springen. Durch die ganze Länge von Guja wurde von ausländischen Arbeiterkolonnen ein tiefer und breiter Panzergraben ausgehoben. Er war weder zu überspringen noch zu durchklettern und zerteilte ganz Guja in zwei Hälften. Als Frost einsetzte und das Graben schwierig wurde, begannen sie zu sprengen. Viel zu starke Ladungen wurden verwendet. Ich bat um Schonung der Gebäude, bat um schwächere Ladungen in ihrer Nähe, und erhielt zur Antwort: „Wenn die Russen kommen, kann Ihnen alles gleich sein, und wenn sie nicht kommen, wird der Führer alles schöner aufbauen als es gewesen

ist.“ Die Ladungen wurden noch verstärkt und schwere, gefrorene Erdklumpen zerschlugen Dächer, Sparren, Balken, Maschinen und vieles mehr.
Über den Hügel, den wir von früher her Mühlenberg nannten und auf dem jetzt das Russenkreuz mit dem Wildrosenbusch stand, war einer meiner liebsten und schönsten Gänge, wenn ich die Leute auf den Feldern besuchte oder die dahinter liegende Schonung. Frei wehte der Wind um meine Stirn. Am nächsten war ich dort den wandernden Zugvögeln am weiten Himmelsrund.

„Über grüne Hügel
gehe ich allein
und die Lerchen ziehen
durch den Sonnenschein.“

Auch über diesen Hügel rissen sie jetzt den Panzergraben auf. Es gab kein unberührtes, unzerstörtes Fleckchen im ganzen einst so schönen, stillen Guja. Im Walde schmetterten die zum Stellungsbau gefällten Bäume zu Boden. Für schwere Geschütze wurden Munitionsbunker ausgesprengt. Guja war übersät von Erdbrocken, herumliegendem Stroh und dem Unrat der vielen Arbeiterkolonnen, des Militärs und der Gefangenentrupps. Die Qual war unsäglich, die geliebte Heimat so zugerichtet sehen zu müssen. Meine Frau und ich hielten uns an der Hand, wenn wir draußen sein mußten. „Sei stark“, riefen wir uns zu. „So kann es nicht bleiben. Vielleicht gehen sie wieder fort. Dann wollen wir selbst Tag und Nacht alles wieder sauber machen und schaufeln und einebnen.“ Aber sie gingen nicht. Laut dröhnte die Front herüber. Wir würden gehen oder sterben müssen.

So kam Weihnachten heran. Bereitete sich draußen ein Schlachtfeld vor, war trotzdem durch meine Frau in unserem kleinen Saal Weihnachtsfrieden. Wieder stand eine Tanne aus Guja — wie damals 1918 und in all den folgenden Jahren — vor den Glastüren, die zu der Terrasse mit dem Seeblick hinausführten. Die Weihnachtslichter strahlten. Unsere Tochter war für kurze Tage von München gekommen. Mir lag viel daran, daß sie bald zurückfuhr. Die Lage für uns war so, daß wir mit dem Schlimmsten rechnen mußten, den aufgebrachten Russen in die Hände zu fallen. Die Adventszeit, durch deren dunkle Wintertage sonst der helle Weihnachtsschein vorausgestrahlt hatte, war vergangen ohne ihren stillen Zauber über uns breiten zu können. Der heilige Abend tat es. Die alten Lieder: Stille Nacht, heilige Nacht . . . Es ist ein Ros' entsprungen . . . O, du fröhliche, o du selige, gnadenbringende Weihnachtszeit . . . gingen den gequälten Herzen ganz neu auf. Wohl noch niemals früher war uns so klar geworden, was Gott und Christus bedeuteten, wo uns jetzt nichts, gar nichts Hoffnung oder Halt oder die bescheidenste Sicherheit bot. „Ehre sei Gott in der Höhe und Frieden auf Erden und den Menschen ein Wohlgefallen.“

Am letzten Abend des Jahres 1944 gingen meine Frau und ich früh schlafen. Wir zwei waren wieder allein. Warum sollten wir die Schwere der Ungewißheit verlängern durch Erwarten des neuen Jahres? Weder das Radio, noch Menschen, noch die eigenen Gedanken konnten wissen, was es bringen werde.

Inzwischen hatte ich Nachrichten erhalten, daß alle unsere Launingker Leute gut an ihren Bestimmungsorten angekommen waren. Leider lagen aber auch diese noch viel zu weit östlich. Die Russen überliefen sie bald. Der größte Teil wurde verschleppt bis Sibirien, hat sehr viel leiden müssen; aber hart und genügsam, wie die Ostpreußen sind, ist ein Teil von ihnen nach Westdeutschland zurückgekommen. Den Gauleiter allein trifft die Schuld für das gesamte Flüchtlingselend in unserer Provinz.

Sehr viele meiner ostpreußischen Landsleute und auch von meinen eigenen Familien haben vollkommen unschuldig furchtbares Sterben über sich ergehen lassen müssen. Die vordrängenden Russen nahmen Rache für das, was von Hitler in der Ukraine an Tötungen, Vergasungen und Härte geschehen war.

Anfang Januar stand plötzlich unser Sohn vor uns, er war zu einem ganz kurzen Urlaub gekommen. Am Tage seiner Abreise saß ich schon frühmorgens beim Schreibtisch, als ein so starkes russisches Trommelfeuer einsetzte, daß unser Haus dröhnte und die Fensterscheiben klirrten. Es war der Auftakt für die nächste russische Vormarschunternehmung, die uns überrennen oder hinaustreiben würde. Unser Sohn mußte nach Jugoslawien. Es war in jener Zeit ein Abschied, bei dem man alles hinnahm. Kurz danach kam von der Ortsgruppe der Befehl, innerhalb von drei Tagen zu räumen. Ich hatte nur noch einen deutschen Mann. Alle anderen waren vor wenigen Tagen zum Volkssturm abberufen worden. Das Chaos wurde zu groß. Meine treuen Alten mit noch einigen Frauen und einigen älteren Kindern meldete ich zu einem Bergungszug an, dessen sichere Abfahrt uns von der Partei fest zugesagt war. Am Räumungstage fuhren die Leute in der Frühe zur Bahn und wir mit einigen Polen, einem Haus- und einem Polenmädchen im kleinen Treck mit nur drei Wagen in westlicher Richtung. Nun hatten wir wenigstens die Beruhigung, die vielen Menschen, die zu unseren Betrieben gehörten, so gut und so schonend wie nur möglich auf den Weg gebracht zu haben.

Auch die letzten schweren Arbeiten waren getan. Der kleine Hengst, der meine Frau zweiundzwanzig Jahre, oft im Galopp wie der Wind, oft träumend im Schritt über die Gujaer Felder und Wiesen, durch den Wald und über die Hügel getragen hatte, mußte erschossen werden. Nie hatte er einen Wagen gezogen. Fremde Menschen würden ihn dazu zwingen wollen, und dann, wenn er nicht gewußt hätte, was er sollte, ihn geschlagen haben. Er hat Guja nicht zu verlassen brauchen. Im Wald, den er oft durchstreift hatte, traf ihn ein rascher, qualloser Tod. Auch bei der munter und fröhlich schwatzenden Schar der Wellensittiche meiner Frau, die in Grün, Blau, Gelb und Weiß jetzt im Winter in unserer warmen Veranda lebte, vom frühen Frühjahr bis in den späten Herbst aber wie eine leuchtend bunte Garbe durch ihre große Freivoliere flog, mit den unter ihnen blühenden Tulpen oder den späteren Blumen in den Farben wetteifernd, mußte ich für einen barmherzigen Tod sorgen, der sie vor dem Verhungern oder Verbrennen bewahrte.

Der 22. Januar 1945

Über dem schon geräumten Land von Launingken und der Angerapp geht die Wintersonne auf. Die dünne Schneedecke auf den Feldern von Guja ist rosig überhaucht. Auf den beschneiten Ästen im Lindengang spielen die gleichen Lichter und goldgelb umgeben die rohrumstandenen Ufer den See. Immer klarer hebt das heller werdende Sonnenlicht die sieben Inseln des Sees heraus.

Meine Frau steht vor mir und faßt mich bei der Hand. Zum letzten Mal gehen wir durch den Garten zu einer bestimmten Stelle und graben aus der Erde, was ich für dieses Buch im Laufe der letzten Jahre geschrieben hatte. Nicht um anzuklagen oder neuen Haß zu predigen, wohl aber um die Wahrheit zu suchen, die frei machen kann.

Es war unsere letzte Tat in Guja. Die Inseln versanken, die Felder, der See, das Haus auf dem Hügel, der Wald. Unsere Hände aber hielten fest zusammen. Als wir die Gujaer Grenze überschritten hatten, haben wir uns nicht mehr umgesehen. Nun waren auch wir frei, vogelfrei. In uns aber lebte: Durchhalten! Alle schweren Gedanken und Befürchtungen, die Angst vor den Unmöglichkeiten, vor den Verfolgern auf einer solchen, viel zu spät angetretenen Flucht haben wir damals gar nicht hochkommen lassen. In unserem Unterbewußtsein lebte die Vorstellung, geführt zu werden.

Vertrieben

26. Januar 1945

Die Trecks sind hoffnungslos festgefahren. Um alle Gehöfte, Güter und Dörfer stehen Hunderte von Wagen. Die Straßen nach Westen sollen gesperrt sein wegen Überfüllung und Militär. Wir liegen in Klein-Leunenburg bei Prassen und sind noch aus anderem Grunde am Weiterfahren gehindert. Der fest versprochene Bergungszug, zu dem ich meine Alten und die letzten Gujaer Frauen, 11 Personen, geschickt hatte, ist nicht abgegangen. Durch einen Zufall haben wir sie gestern früh bei Dönhofstädt in einer unübersehbaren Treckwagen-Kolonne getroffen. In ihrer Angst sind sie mit den letzten Pferden und in unvorbereitetem offenen Wagen von Guja westwärts gefahren. Jetzt wollen sie wegen Kälte, Beschwerden und Heimweh nicht weiter. Das kleine Prasser Vorwerk ist überfüllt. Immerfort strömen neue Flüchtlinge durch die Haustüre. Wir waren als erste dort. Meine Frau und ich sind ratlos, was wir jetzt beginnen sollen. Es ist unmöglich, ruhig nachzudenken und unter den vielen verzweifelten Menschen einen vernünftigen Plan zu fassen.

Auf der entfernten, im Sichtfeld liegenden Chaussee ziehen jetzt wieder Flüchtlingswagen. Ich kann aber keine Auskunft erhalten, ob in der nahen Stadt noch ein Durchzug möglich ist oder ob sich dort weiterhin alles staut. Der Kreis Rastenburg, zu dem Prassen gehört, erhält jetzt eben den Räumungsbefehl. Ich spreche mit meinen Gujaer Leuten. Sie haben ihre Ansicht nicht geändert. Sie hoffen, daß die Russen ihnen nichts tun, wollen abwarten und dann nach Hause. Meine Frau und ich möchten sie nicht in ihrem offenen Wagen zurücklassen und mit unserem gut ausgerüsteten abfahren. Wenn wir aber hierbleiben und mit ihnen die Russen abwarten, nützen wir ihnen nichts. Ich würde erschossen, meiner Frau geschähe Schlimmeres. (Genau wie es unseren Freunden ging, die mit uns fliehen wollten — auch auf Rädern — und leider nicht fertig wurden; bei Bartenstein wurden sie von den Russen eingeholt: er wurde sofort erschossen, sie kam nach Rußland, verlor den Verstand und starb in einem Lager in der Nähe von Moskau.) Wir sind in schwersten Zweifeln. Ich hänge mit meinem Herzen an meinen treuen Alten, an Kämmerer Schulzig, an Förster Endruschat und den Frauen. Ich möchte alles für sie tun und vermag nichts.

Die maßgebenden Parteistellen in unserer Provinz können mich durch ihre verspäteten, selbstsüchtigen, kopflosen Befehle an dem wahrscheinlich elenden Untergang meiner Menschen zwar nicht schuldig machen, doch aber die letzten Stunden in ihrer Nähe und alle in Zukunft zu ihnen zurückkehrenden Gedanken zu einer qualvollen Erinnerung werden lassen. Ich komme zu dem Entschluß, ihnen unseren guten Wagen mit Pelzen, Decken, Lebensmitteln und unseren liebsten Dingen für den Fall zu lassen, daß sie sich doch noch zum Weiterfahren aufraffen. Ich selbst will mit meiner Frau und mit Roman, der sich von uns nicht trennt, auf unsere drei Räder steigen, die wir mithaben, wir werden uns mit je einem Rucksack mit etwas Essen auf die weitere Flucht begeben. Es ist ein großes Wagnis, besonders in Gedanken an meine Frau, doch besser, als sie dem hier Kommenden auszusetzen.

Mit Roman hatte sich folgende Unterhaltung abgespielt: „Herr von Sanden, ich mitkommen!" „Roman, du hast kein Rad!" Roman lächelnd: „Ich haben Rad." „Von wo?" „Von Ihrem Sohn genommen." „Dann ist es gut. Komme mit!" Die anderen Polen von Guja wollten bleiben. Sie waren Gefangene und fürchteten die Russen nicht.

Der Frost verstärkte sich bei Wind und beginnendem Schneetreiben. Es ist mir zu schwer, richtigen Abschied von meinen Menschen zu nehmen. Ich teile nur mein Vorhaben mit, rate den beiden Mädchen und zwei jüngeren Frauen, sich von dem zurückflutenden Militär mitnehmen zu lassen, wie ich es bei anderen beobachtet habe, und sage, daß alle unsere Sachen zurückbleiben. Darunter befindet sich alles, was sie brauchen an Lebensmitteln und zur Erwärmung. Nur meine kleine goldene Bibel steckte ich in den Rucksack. Es hat sich dann alles so abgespielt, wie ich es voraussah. Als es ernst wurde, krochen die Alten doch in unseren gut ausgerüsteten Wagen, als wir auf unseren Rädern schon fort waren, und sind ohne Schäden bis Berlin gekommen, was wir aber erst nach Jahr und Tag erfuhren.

Als das russische Heer immer näher rückte und die Flucht drohender wurde, hatte Herr Milthaler mich wissen lassen, daß er uns gern mit seiner Familie begleiten würde. Ich war einverstanden, sagte ihm aber, daß wir uns bei auftretenden Schwierigkeiten besonders auf unsere Fahrräder verlassen wollten. Sie könnten uns zu einer Rettung werden. Ein Fahrrad war mir von jeher als eine der besten Erfindungen erschienen. Er nahm es zur Kenntnis, hatte aber selbst keine Räder mit. Wir wollten nun, wenn möglich, über Heilsberg fahren und dabei das Tischlersche Gut Losgehnen berühren, um dort den mir ganz besonders lieben Amtsgerichtsrat Dr. Friedrich Tischler und seine Frau zu treffen, und gemeinsam mit ihnen weiterzuziehen. Aber dieser Plan wurde, wie oben schon gesagt, durchkreuzt. Wir stiegen mit Roman auf unsere drei Räder und wählten einen anderen, direkteren Weg nach Westen.

Amtsgerichtsrat Tischler wohnte seines Amtes wegen

in Heilsberg, hielt sich aber sehr oft im nahen Losgehnen auf. Er war einer meiner liebsten Menschen wegen seiner Kenntnis und Liebe zu unserem Ostpreußen, seinen Wäldern und Seen, den Haffen der Ostsee mit ihrer reinen klaren Luft, den vielen Tieren, den Elchen, der so reichen Vogelwelt und der Flora. Er wußte, liebte und kannte das alles. Unter seiner Führung wurde auch mir viel eröffnet. Er war älter als ich. Aber wir paßten zusammen.

Meiner Frau war es in Guja noch rechtzeitig gelungen, seine drei selbst verfaßten Vogelbücher aus Ostpreußen nach dem Westen zu senden. Zweitausend Seiten umfaßten sie. Ich will nicht weiter in Einzelheiten gehen, so lebendig und vielseitig auch meine Erinnerungen an Friedrich Tischler waren und es auch heute noch sind. Wir hatten vor dem Verlust unserer Heimat beide wie in einer ganz anderen Welt und Zeit gelebt.

Im Folgenden gebe ich das Letzte, was ich von Milthaler viel später erfuhr, wieder. Er traf das Ehepaar Tischler in Losgehnen an. Herr Tischler stand, sein Fernglas vor der Brust, auf der Veranda. Es war Vorfrühling. Im Losgehner Garten riefen die Kohlmeisen: „Viel zu früh! Viel zu früh!" Vogelstimmen waren für ihn immer eine besondere Freude. Dann hob er das Fernglas zu den Augen, auch wenn es nur eine gewöhnliche Meise war, und um seinen Mund zog sich ein leises glückliches Lächeln. Als er das Glas

absetzte, stand Milthaler vor ihm mit seinen Treckwagen. Er verstand sofort. „Nein", sagte er, „ich kann meine Heimat nicht verlassen! Meine Frau und ich bleiben." — Er hatte Vorkehrungen für das Kommende getroffen. Auf dem Losgehner Friedhof war ein breites Grab ausgehoben worden.
Eine Woche später, als etwas Ruhe nach dem Durchzug der Russen eingetreten war, ging der alte Kutscher zu dem Grab: Friedrich Tischler lag darin und seine Frau lag tot angelehnt an einen nahen Grabhügel. — „Meine Heimat kann ich nicht verlassen!"

27. Januar 1945

Die letzte Nacht haben meine Frau und ich in einem kleinen Zimmer des im Kriege befindlichen Grafen zu Eulenburg im Prasser Schloß verbracht. Die Überfüllung war sonst überall unerträglich, die Fürsorge der alten Prasser Hausleute für uns rührend. Nachts ließen fortwährende Sprengungen alles erzittern. Ich denke an meinen alten Nachbarn Milthaler. Wir wollten die Flucht zusammen machen. Er ist mit seiner Frau und zwei Töchtern unterwegs. Wir waren die ersten Tage zusammen. Aber wir haben uns hoffnungslos verloren. Ob wir uns jemals wiedersehen werden, Milthaler?
Nachts um vier Uhr brechen wir mit Roman auf unseren Rädern auf. Knirschender Schnee, zwanzig

Grad Frost, starker Ost. Auf unserer Straße werden kleine Brücken zum Sprengen vorbereitet. Wir haben den Wind im Rücken. Er treibt uns, aber es ist bitter kalt auf der noch leidlich freien Chaussee. Im hellen Mondschein sehen wir die Flüchtlingswagen rechts und links von der Straße in großen Massen aufgefahren. In der Stadt Schippenbeil schieben sich Wagen und Menschenschlangen zwischen den Häusern westwärts. Bekannte Gesichter tauchen auf und wieder unter. Ratlosigkeit spricht aus ihren Mienen und bitterböse Anklagen aus ihren Worten gegen jene, die uns besser führen wollten als alle vor ihnen. Menschen, die ihre Nächsten verloren haben, irren planlos umher. Niemand weiß Rat noch Auskunft. Als wir am ersten Fluchttage durch den Sitz unserer Ortsgruppe kamen, war alles, was mir dort gesagt wurde: „Wer hätte das gedacht? Rette sich wer kann!" Nur die Flüchtlinge untereinander haben Erbarmen in kleinen, im Vorübereilen gemachten Hilfeleistungen.
Hinter der Stadt Schippenbeil können wir wieder auf unsere Räder steigen. Die Straßen sind halbwegs frei, nur von Militär befahren. Man läßt uns durch. An verstopften Stellen drängen wir uns an den Gräben weiter. Der Sturm treibt feinen Schnee in langen weißen Fahnen auf der abgewehten Chaussee. Sie überholen uns, schneller als wir fahren. Auf verwehten, fast unpassierbaren Landwegen mühen sich lange Treckzüge im Schneckentempo vorwärts. Die einzel-

nen Wagen spannen immer wieder die Pferde ab, legen sie bei steckengebliebenen vor und holen die unbespannt zurückgelassenen nach. Der Sturm pfeift durch die aus dünnen Decken bestehenden Wagendächer, unter denen Kinder, Alte und Kranke im harten Frost leiden. Wir kommen nach Bartenstein, dessen Straßen langsam fließenden Strömen von fliehenden Menschen und Fuhrwerken gleichen. Wir streben weiter, weil uns der kalte Sturm nicht rasten läßt und günstig schiebt. Meine Frau hält sich gut. Mir wird leichter ums Herz. Der Anfang meines Wagnisses läßt sich gut an.

In einem Dorf essen wir im Unterwind eines Hauses etwas aus unseren Rucksäcken. Das Brot ist gefroren. Der Ort ist voll von Militär. Einige junge Soldaten kommen zu uns heran und sagen, wir sollten uns keine Sorgen machen, wir gingen bald wieder nach Hause. Der Führer wird jetzt die Wunderwaffe einsetzen. Die Russen werden wieder hinausgetrieben. Müde und mitgenommen sahen diese jungen Menschen aus. Aber sie glaubten an das, was sie sagten und hatten den Wunsch, uns damit zu trösten. Ich widerspreche ihnen nicht. Sie werden spät genug ihre Enttäuschung erleben. Jetzt wird ihnen und allen, die sich von dem Wunderglauben einfangen ließen, die trostlose Gegenwart etwas erleichtert. Allzu viele sind es nicht mehr.

Je weiter wir fahren, desto tiefer wird der Schnee.

Manchmal überholen wir auf unseren Rädern Eisenbahner, die nach Abfertigung ihres letzten Zuges Kinder, die nicht mehr laufen können, oder Habseligkeiten auf Rodelschlitten durch den Schnee ziehen.
Abends erreichten wir das Gut Peisten. Den Besitzer kenne ich flüchtig. Er ist beim Volkssturm. Trotz unsagbarer Überfüllung werden wir von seiner Frau in ihrer letzten Stube aufgenommen. Ein Teil der anderen Räume ist mit Flüchtlingen überfüllt. In den übrigen sind Militärlager auf Stroh. Weil wir mit Hilfe des Sturmes über fünfzig Kilometer zurückgelegt und jetzt ein Bett haben, machen wir einen Ruhetag. Der Frost hat noch zugenommen, es hat fünfundzwanzig Grad. Roman findet Essen und Unterkunft bei seinen Landsleuten.

28. Januar 1945

Körperlich tut der Ruhetag gut, seelisch wird er qualvoll. Der Flüchtlingsstrom nimmt zu. Die Menschen finden kein Unterkommen. In der Fülle und dem Durcheinander versagen Licht und Wasser. Am Abend läuft alles in der Dunkelheit suchend hin und her. Wir haben von einem Soldaten Gewehröl bekommen und ölen unsere Räder. Die Russen sind in Elbing am Frischen Haff. Wir befinden uns in einem Kessel, die Flucht scheint vergeblich.

29. Januar 1945

Auf überfüllten Straßen bis Klein-Stegen. Auch wo kein Unterkommen mehr möglich scheint, finden wir mit unseren Rädern Raum. Unsere Steger Verwandten nehmen uns in ihrer Schlafstube mit rührender Fürsorge auf. Ihr ganzes Haus ist von einem hohen Militärstab belegt. Die Herren von dem Generalkommando sind sehr freundlich zu uns. Einer schenkt mir eine Generalstabskarte für unseren Weg. Sie bewundern Mut und Frische meiner Frau. Zu meinem Vetter aber sagen sie: „Die beiden überstehen das nicht." Mein Vetter ist verwundet in ambulanter Behandlung zu Hause. Er hofft, daß die Russen nicht so weit kommen und daß er bleiben kann. 1914 war Klein Stegen das Fluchtziel meiner Eltern vor den Russen. Damals blieb dort Ruhe. Heute glaube ich an kein Aufhalten. Deutschland ist zermürbt. Es besitzt nichts mehr als einen von Hitler künstlich geschürten Glauben an ein Wunder, das er nicht verdient und das deshalb auch nicht eintreten wird, selbst wenn die Voraussetzungen dafür da sein sollten.

30. Januar 1945

In der Frühe liegt der alte Steger Garten in fast noch dunkler, tief verschneiter Winterpracht. Wir schieben unsere Räder bis zur Straße. Dort ist der Schnee festgefahren und wir können aufsteigen. Ein Wetterumschlag bereitet sich vor. An Stärke zunehmend, wirft sich der Wind uns entgegen. Die Kälte ist noch groß. Schneeflocken wirbeln dicht und dichter durch die Luft. Auch der alte Schnee beginnt an der Erde zu treiben. Die Treckwagen sehe ich auch heute von den Hauptstraßen auf Nebenwege verbannt. Was sie dort bei dem Schneetreiben durchmachen, muß furchtbar sein. Das flüchtende Militär nimmt zu. Immer wieder sehe ich, wie Frauen und Mädchen von deutschen Kraftwagen mitgenommen werden. Das ist mir ein Trost in meinen schweren Gedanken an meine in Prassen Zurückgebliebenen. Schon lange können wir nicht mehr fahren. Haare und Gesicht beginnen zu vereisen. Jedes der zahllosen Autos, die uns überholen, zwingt uns mit den Rädern in den tiefen Schnee. Meine Frau ist tapfer. Aber ihre Kräfte beginnen nachzulassen. In einem Dorf, das so überfüllt ist, daß es in den Häusern kaum einen Stehplatz gibt, warnt mich ein alter, menschenfreundlicher Müller: „Gehen Sie nicht weiter. Das Wetter ist zu schlimm. Die Kräfte versagen und Sie kommen um." Wir haben die Wahl, in überfüllten, dunstigen Stuben zu stehen, deren Fußböden mit einer dicken Schlammschicht von aufgetautem Schnee und Schmutz überzogen sind, ohne Aussicht auf irgendeine Änderung oder Besserung, oder weiter zu kämpfen gegen den Schneesturm. Wir gehen.

Das Wetter ist noch schlimmer geworden. Die Fahrspuren der uns überholenden Militärautos sind gleich wieder zugeweht. Wie riesige Ungetüme tauchen sie im dicken Flockenwirbel auf und unter. Roman und ich nehmen jeder eine dafür mitgenommene Leine über unsere Schulter, die wir an dem Rade meiner Frau befestigen und ziehen. So erleichtern wir ihr das Gehen, indem sie sich an der Lenkstange hält. Noch sechs Kilometer überwinden wir auf diese Art. Dann will es nicht mehr gehen. In Rödersdorf an der Straße ist kein Unterkommen möglich. Mit unsäglicher Mühe gelangen wir über verwehte Zäune, durch tiefe Gräben, über hohe Schneeschanzen zu einem entfernt liegenden Abbau. Meine Frau bleibt im tiefen Schnee vor Ermattung liegen. Dann richtet sie aber der Gedanke wieder auf, noch einmal in die Augen ihrer Kinder sehen zu wollen. Der Hof ist fast erreicht. Die Familie des Bauern Liedtke nimmt uns mit allem Guten, was sie zu geben hat, auf. Kein Flüchtling, kein Militär hat sich zu dem entlegenen Hof hingefunden. Kanonendonner ist von allen Seiten zu hören, von Königsberg und Zinten, von Elbing, von Süden und Osten. Bauer Liedtke sagt: „Wenn es überhaupt noch einen Sinn hat, weiterzugehen, dann nur noch über das Eis des Frischen Haffs."

Draußen tobt der Wintersturm. Meine Frau, Roman und ich liegen in der warmen Küche, schlafen und wachen, sehen die Heimat so klar, doch was kommt, sehen wir nicht. Aber unsere Zuversicht ist lebendig in uns.

31. Januar 1945

Das Wetter hat ausgetobt. Ganz still ist es geworden. Vor der Haustüre muß eine hohe Schneeschanze liegen. Noch halb im Schlaf hören wir, wie sie fortgeschaufelt wird. Das Schießen lebt wieder auf. Ringsum von allen Seiten dröhnt es. Mit unseren Rädern ist heute kein Weiterkommen. Bauer Liedtke bringt mich im Schlitten nach Gronenfeld. Das Haus der Frau von Hahnenfeld ist ein solches Massenlager von Flüchtlingen und Militär, daß ich in den Stuben und auf den Treppen meine Füße kaum setzen kann, ohne auf schlafende Menschen zu treten. Eine dicke, fest angelegene Strohschicht bedeckt das ganze Haus. Frau von Hahnenfeld ist da. Ich finde Hilfe. Sie nimmt uns auf. Unter den vielen Flüchtlingen dort finden wir Frau von Below aus Serpenten. Mit Pferden und ihrem Treck holt sie meine Frau, Roman und unsere Räder nach. So sind wir durch die Güte anderer auf leichte Weise wieder ein Stück näher an das Haff gekommen. Heute hätte meine Frau mit ermüdeten Kräften ihr Rad nicht durch den tiefen Schnee führen können.

Gutes warmes Mittagessen bekommen wir. Aber wir können es nicht genießen. Russische Flieger werfen Spreng- und Brandbomben auf das von Militär und Flüchtlingen überfüllte Gut. Zwei Häuser stehen in Flammen. Unter den Flüchtlingen sind Verletzte. Mit blendend weißem Magnesiumlicht verbrennen die fehlgegangenen Brandbomben im Schnee.

Aus den Fenstern unseres Zimmers sehen wir in die uralte Krone einer gewaltigen Linde gegen hellen, leicht verschleierten Winterhimmel und weiter in einen stillen Park. Wie schön müßte es sein, im Frieden ein paar Tage in diesem Zimmer zu verleben, in die schwellenden Lindenknospen zu sehen und den Schlag der Buchfinken zu hören.

1. Februar 1945

Nur wenige Stunden waren wir in dem stillen Raum. Frau von Below bringt uns mit ihren Pferden und unseren Rädern nach Braunsberg. Es dämmert erst, als wir in der toten, trostlos wirkenden Stadt sind. In ihr haben meine Frau und ich die letzte Nacht vor der Kriegserklärung 1914 verbracht. Am nächsten Tage kam die Trennung in die Ungewißheit. Heute ist die Gesamtlage viel trostloser. Aber wir sind zusammen und gewillt, uns von niemandem trennen zu lassen.
Wir halten am Braunsberger Gestüt. Meine Frau hofft auf Anschluß für uns. Aber schon vor einer Woche sind die Hengste über das Haff gegangen. Wir bleiben auf uns allein gestellt und schlagen den nächsten Weg nach Frauenburg am Frischen Haff ein. Hier liegt weniger Schnee. Wir können auf unseren Rädern fahren. Überall Kampfspuren an der Straße, zerschossene Bäume, die ersten Gefallenen. Der zurückgeblie-

bene Rendant des Braunsberger Gestütes hat uns vor dem Haff gewarnt. Heute würden in der Stadt zweihundert Menschen begraben, die auf dem Haff umgekommen sind. Bis zu den Knien hoch soll das Wasser auf der Eisfläche stehen. Elf Kilometer ist das Haff breit. Beim Führen unserer Räder durch das Wasser würden wir auf der langen Strecke erstarren. Aber ich kenne große Eisflächen und glaube nicht daran. Stauwasser dringt rasch durch Spalten, und das Eis schwimmt wieder hoch. Das alte Städtchen Frauenburg wird von den gleichen Flüchtlingsströmen durchzogen wie alle Orte. Das Wetter ist milder geworden. Von hellen Himmelsstellen fällt ein tröstliches Leuchten auf die weite Eisfläche des Frischen Haffs.

Nahe am Wasser gibt uns eine freundliche Schneiderin warmen Kaffee in ihrer Stube. „Ich bleibe", sagt sie. „Wo soll ich hin? Unser Bischof bleibt auch. Er will uns nicht im Stich lassen." Groß und wie beschützend steht der alte Frauenburger Dom über der kleinen Stadt. Wir gehen über das Haff. Roman zögert. Er kennt so weite Eisflächen nicht. Meine Frau ermuntert ihn. Beide sind schon auf dem Eis. Ich werde festgehalten und soll mich in der Stadt melden. Der Polizeiposten läßt mich durch. Eine schmale Bahn ist schneefrei gemacht. Nirgends steht Wasser auf dem Eis. Wir können streckenweise gut fahren und kommen bis zu der offenen Schiffrinne Elbing-Königsberg. Pioniere haben über dünnes Eis Bretter gelegt. Es schwankt, aber ohne Mühe gelangen wir hinüber. Das ganze Haffeis ist nicht stark und biegt sich unter fahrenden Lastautos und Treckwagen. Überall stehen verlassene, mit den Rädern durch das Eis gesunkene Militär- und Treckwagen. Auf der weiten Eisfläche unter dem tauweichen, leicht bedeckten Winterhimmel ist eine Stimmung, wie ich sie so gut auf unserem See in Guja kenne. Die Gedanken wollen rückwärts. Nur das nicht! Dann ist es mit dem Vorwärtswillen bald vorbei und mit der Kraft auch. Wer weiß, was dieser Tag noch bringt.

Aus dunstiger, dunkler werdender Luft taucht die bewaldete Nehrung auf. Westwind hebt sich. Es beginnt zu regnen. Auf der Nehrungsstraße werden wir mehr Schutz haben und leichter bis Kahlberg kommen. Auf dem Haff liegt jetzt dicker, nasser Schnee, durch den wir schwer an unseren Rädern schieben müssen. Elf Kilometer liegen hinter uns.

Jetzt sind wir an der Nehrung. Aber wir dürfen nicht herauf. Die Partei hat es verboten. Sie ist dort selber auf der Flucht! Ein blutjunger Posten sagt bedauernd zu meiner Frau, die vorne ist: „Gehen Sie nicht weiter, sonst muß ich Sie erschießen." Wir bleiben auf dem Haff. Wind und Regen nehmen zu. Noch sechzehn Kilometer sind es auf dem Eis bis Kahlberg. Vorher gibt es keine Möglichkeit unterzukommen oder zu rasten. Wir wandern im Flüchtlingsstrom von Fußgängern, Treckwagen, Soldaten und endlosen Gefan-

genenzügen, die von ihren Wachleuten westwärts geführt werden. Die Franzosen gehen leicht und ohne Bewachung. Sie wandern der Heimat entgegen, das sieht man ihnen an. Aber von den Russen sind viele zu Tode erschöpft, können nicht weiter und bleiben liegen. Viele von ihnen sind schlecht ernährt. Sie fallen einfach um. Die Wachleute haben den Befehl, keinen zurückzulassen, erreichen aber nichts, weder mit Worten noch mit Gewehrkolben. Ein trostloser Anblick. Das Mitleiden nimmt meine Frau sehr mit. Ein kleiner Trost für uns ist es, daß unsere Russen durchhalten und nicht umfallen werden.
Immer sehe ich die Treckwagen an, ob nicht einer meine Frau und ihr Rad aufnehmen wollte. Sie schiebt es so schwer durch den zerfahrenen, nassen Schnee. Aber die Wagen sind vollbeladen, die Menschen haben mit sich selber zu tun. Immer ziehen Flugzeuge niedrig über unserem Flüchtlingsstrom westwärts, sicher und schnell. Könnte ich einem meine Frau mitgeben! Jetzt hält sie sich mit einer Hand an einem Wagen und schiebt mit der anderen das Rad. Ihre Seele sucht Zuflucht bei Gott. Sie singt die alten Choräle, die ihr immer Kraft gaben, schon früher in Guja, und hält sich aufrecht. Roman drängt sich zu mir heran: „Frau von Sanden singen, sie mehr Kraft als wir", sagt er.

Das regennasse öde Nehrungsufer bringt keine Veränderung. Das Eis vor uns nimmt kein Ende. Stunden gehen wir. Endlich kommt Kahlberg. Keine Unterkunftsmöglichkeit, alle Häuser geplündert oder über füllt. Hin und her durchwandern wir den großen, langgestreckten Badeort und finden keinen Raum. Ein Trupp gefangener Franzosen will uns freundlich aufnehmen. Aber ihr Haus hat keine Fenster und keinen freien Winkel. Ohne Erfolg haben wir fast den Westausgang von Kahlberg erreicht. Da finde ich ein unberührtes, winziges Sommerhäuschen mit Betten, einem Öfchen, Kohlen und ganzen Fenstern. Wir verschließen die Türe, heizen den Ofen, sitzen dicht um ihn, essen und ruhen. Dicke Dampfwolken steigen durch die Ofenhitze aus unseren durchweichten Kleidern, die wir nicht wechseln können. Roman findet Kaffee. Heiß und wohltuend wärmt er uns. Es ist schon spät. Draußen tobt Sturm, und Regen schlägt gegen die leichten Wände. Unheimlich scheint die Nacht. Die Bilder der toten Russen am Wege, die so sprechend Erschöpfung ausdrückten, und auf die jetzt der Regen strömt, stehen immer wieder vor der Seele. Wir haben nur wenige Stunden Zeit. Ich möchte beten. Aber ich finde immer nur die Worte: „Mein Gott, lasse uns nicht zuschanden werden — seelisch nicht zuschanden werden.“ Die kurze Nacht ist voller Unruhe. Plünderer wollen ins Haus, Flüchtlinge versuchen es zu erstürmen. Es gelingt mir, das Feld zu behaupten.

2. Februar 1945

Noch im Dunkel der Nacht brechen wir auf. Wir können nicht fahren vor Finsternis, vor Flüchtlingen, die auf der Straße übernachten, vor Pferden und Wagen. Der Regen hört auf. Die an der Straße aufgefahrenen Treckwagen nehmen kein Ende. Lange liegt Kahlberg schon hinter uns. Vor uns brennen unzählige Biwakfeuer im Wald, beleuchten den Schnee, die nassen, blanken Baumstämme hinauf bis zu den schwarzen Kronen. Soldaten, Flüchtlinge, Gefangene sitzen um die lodernden Feuer. Allmählich kommt der Morgen, grau und traurig. Tote liegen am Wege, Kinderwagen mit erfrorenen Kindern sind seitwärts von der Straße zwischen die Bäume geschoben. Die kleinen Gardinen am Verdeck sind zugezogen, das Letzte, was die Mütter tun konnten. Dann sind sie weitergeflohen.

Wir fahren wieder. Aber das Fahren ist eine Qual und gefährlich. Die glatte, vereiste Straße ist so schlägig, daß Rücken und Arme von der Erschütterung schmerzen. Zur Rechten drohen die schweren Räder der ächzenden Treckwagen, zur Linken die erbarmungslosen Kraftwagen von Militär und Partei. Ihr ständiges Hupen schmerzt in den Ohren. Ich verstehe kaum, wie meine Frau mit allen Schwierigkeiten fertig wird. Stunde um Stunde fahren wir. Jetzt halten die Treckwagen — vor uns muß ein Hindernis sein. Kein einziger von ihnen kann weiter. Endlich sind wir nach vielen Kilometern an der Spitze der stehenden Treckwagen. Das Hindernis ist die erste Weichselfähre. Sie ist im Gange, aber viel zu klein.

Über den tausenden von fremden Gesichtern, die wir heute und in den letzten Tagen gesehen haben, tauchen zwei bekannte auf: Graf Stolberg und seine Frau aus unserer Nachbarschaft. Ihnen gehörte der größte Teil unseres geliebten Sees in Guja. Greifbar nahe steht das Landschaftsbild unserer Heimat mit diesen beiden Menschen vor uns. Aber es bleibt nur Zeit zu einem Händedruck. Sie können von ihren Pferden nicht fort und wir wollen weiter. Der Tag wird noch lang. Wir möchten auch die zweite Weichselfähre überwinden. Die Russen sollen gegen Danzig drängen und gegen die Ostsee. Niemand weiß, wie rasch sie vorwärts kommen werden. Was wir hören, sind nur Gerüchte und nicht gute. Wenn Stettin von ihnen genommen ist, würde alle Mühe vergeblich sein. Wir können nichts weiter tun als vorwärtsstreben. Unsere Räder haben sich bewährt. Wir sind gegenüber den Menschen unseres Heimatkreises weit voraus. Pferde sind ein Hindernis auf dieser Flucht. Man bleibt eingespannt in das Schneckentempo aller Treckwagen. Nirgends finden die armen Tiere Unterkunft, kommen herunter und verlieren ihre Leistungsfähigkeit.

Auch über die zweite Fähre kommen wir rasch hinüber, weil wir uns mit unseren Rädern ungehindert zwischen die Wagen drängen können und mitgenommen werden. Die Fähre ist ein kleines Spielzeug gegenüber dem, was sie leisten soll. Vor der Weichsel stauen sich die Massen. Dahinter ist die Straße leer und wir kommen auf eisfreier Chaussee noch ein Stück vorwärts.

3. Februar 1945

Auf hohem Straßendamm nähern wir uns Danzig. Die trostlosen Treckzüge sind hinter uns geblieben. Wir sehen nur einzelne Wagen aus Gegenden, die früher geräumt haben. Die kurze Zeit Flüchtlingselend hat so auf uns gewirkt, daß uns das städtische Leben in Danzig fast wie eine Erscheinung vorkommt. Als ich mich aber von den Leuten in einer Bank, einer Apotheke und einem Büro unterrichten lasse, merke ich, daß sie hier so weit sind, wie wir es zwei Wochen vor der Räumung waren. Hitler hat die alte, schöne Stadt zur Festung erklärt. Das bedeutet Beschuß! Er scheint entschlossen, seinen eigenen Untergang mit dem Deutschlands und unseres Volkes verbinden zu wollen. Eine hilflose Traurigkeit spricht aus den Worten und den Mienen der Danziger.
Wir haben es wieder gut. Das unermüdliche Suchen meiner Frau nach unserem alten, lieben Hausarzt Dr. Eckert aus Nordenburg bei Guja hat Erfolg. Jetzt ist er Militärarzt und nimmt uns in seine Wohnung auf. Die Heizung ist zerstört. Äußerlich ist es kalt, aber

unsere Herzen strömen Heimatwärme aus. Im Herd brennt ein Feuer und darauf steht alles Beste, was er uns geben kann.
Zum Nachdenken und Rückwärtsblicken lassen wir es nicht kommen. Jetzt gilt nur ein Ziel: das andere Oderufer. Bis dahin ist es noch weit. Die Danziger fühlen sich schon jetzt in einem Kessel. Auch meine Frau will nur vorwärts. Aber ihre Kräfte sind begrenzt, ich höre sie viel husten.

4. Februar 1945

Oliva, Zoppot, Gdingen, Neustadt/Westpreußen. Ich fühle mich sicherer durch einen Autoatlas von Deutschland, den Dr. Eckert mir geschenkt hat. Die Karte des Generalkommandos reicht nicht. Gdingen ist voller Königsberger, die auf Weitertransport mit einem Schiff warten. Die NSV-Verpflegungsstellen sind außerstande, den an sie gestellten Anforderungen gerecht zu werden. Die dort Beschäftigten tun, was in ihren Kräften steht. In unseren Rucksäcken ist immer noch etwas zu essen, weil alle Menschen, bei denen wir übernachtet haben, uns beschenkten. Etwas Zucker und Kaffeeextrakt — noch von Guja — helfen auf den täglich langen Fahrten.
Die Menschen sprechen hier von Eisenbahnzügen, die noch gehen sollen. Auf dem Bahnhof in Neustadt finde

ich eine hoffnungslos wartende Menge und übermüdete Bahnbeamte, die keine Auskunft zu geben wissen.

5. Februar 1945

Auf dem vereisten Weg von unserem Nachtquartier zur festen Straße spiegelt sich der frühe Morgenhimmel. Vor Sonnenaufgang haben wir die Chaussee erreicht. Unser erstes Ziel ist heute Lauenburg, wo wir Frau Casper wohnen wissen, deren Kinder oft bei uns in Guja waren. Sie hat eine Fabrik in Lauenburg. In der Nähe der pommerschen Grenze mehren sich die Polizeistreifen. Eine solche will uns Roman nehmen. Er soll hier zum Stellungsbau verwendet werden. Immer und überall herrscht das gleiche Prinzip: jedes Stückchen Land, jeder Ort, jede Stadt mit unzureichenden Mitteln verteidigen, bis alles verwüstet ist und die Verteidiger tot oder gefangen sind. Der Sinn dieses Verfahrens ist schwer zu verstehen. Wenn ihm ein solcher überhaupt zugrunde liegt, so gibt es nur die beiden Möglichkeiten: entweder glaubt unsere Führung an einen noch rechtzeitigen Einsatz der Wunderwaffe, die eine Wendung herbeiführen kann, oder sie läßt Volk und Land jedes Opfer bringen, um sich selbst noch eine kurze Zeit auf ihrem Platze zu halten, der dann mit ihnen als Letztes untergeht. Die SS- und SD-Führer, die ich zu sehen bekomme, können uns durch ihr Auftreten und ihre Erscheinung keine Hoff-

nung oder Sicherheit geben. Aus ihren Gesichtern spricht die Erkenntnis: alles verloren.
Mit Roman geben wir nicht nach. Zwei Volkssturmleute machen Miene, ihn mir fortzunehmen. Ich verlange ihren Vorgesetzten zu sprechen. Er ist eineinhalb Kilometer im Walde bei einer Försterei. Wir lassen uns hinführen. Eine Ordonnanz holt den Vorgesetzten: ein Parteimitglied in Nazi-Uniform, ein junger Mann, ganz übernächtig, der sich mit Alkohol aufrecht hält. Ich sage ihm, daß Roman mein Landarbeiter ist und ich nach dem Verlust meines ostpreußischen Besitzes jetzt unterwegs nach Kärnten auf meinen zweiten Hof bin, dort brauche ich die Arbeitskraft; der Hof liege nahe bei Klagenfurt. Als er diesen Namen hörte, verklärte sich sein Gesicht: „Klagenfurt", sagte er ganz verzückt, „ach, Klagenfurt! Ja, ja, nehmen Sie ihn mit. In Klagenfurt war ich auf der Führerschule. Die schönste Zeit meines Lebens! Grüßen Sie mein liebes Klagenfurt. Natürlich kann er mitkommen!" Ich bat noch um eine Bescheinigung für den nächsten Fall und erhielt sie. Roman und wir waren ebenso froh in der Wirklichkeit, wie es der arme Mann in seiner Erinnerung war.
Das Wetter ist milde. Aber Westwind steht uns entgegen, erschwert das Fahren und jede kleine Steigung. Meine Frau ist dadurch fast am Ende. Sie umarmt die starken Chausseebäume, um hinter den Stämmen Schutz zu finden vor dem Wind, um atmen zu können und

den Druck von ihrem Herzen zu verlieren. Endlich ist Lauenburg da. Fürsorge und Herzensgüte der alten Frau Casper in ihrem noch unberührten schönen Hause stärken die versagenden Kräfte wieder. Ihre traurigen Augen sprechen deutlicher als Worte: „Das geht nun alles dahin in die Zerstörung." Wie gut kenne ich das von Guja und Launingken. Sie sind dahingegangen.

Nach wenigen Ruhestunden brechen wir auf. Stolp wollen wir heute noch erreichen. Fünfzig Kilometer. Der Himmel ist trübe, das Land grau und trostlos. Aber ein Lastkraftwagen erbarmt sich und nimmt meine Frau und ihr Rad bis nach Stolp mit. Roman und ich steigen auf unsere Räder. Die Fahrt will kein Ende nehmen. Die landwirtschaftliche Kultursteppe zu beiden Seiten der Straße wirkt trostlos im kalten Sprühregen. In tiefer Dunkelheit erreichen wir Stolp, fragen uns bis zur verabredeten Stelle durch und finden uns wieder. Es war ein Wagnis, aber es ging nicht anders.

6. Februar 1945

Graues Morgenlicht liegt über Stolp. Wir führen unsere Räder vorüber an ängstlichen Menschen durch die kriegsverkommenen Straßen einer früher hübschen Stadt. Vor uns steht ein Lastauto. Einzelne Flüchtlinge umdrängen es. Meine Frau hat als erste erfaßt, worum es geht, und schon können auch wir hineinklettern und unsere Räder nachziehen. Bis Zanow nimmt uns der Wagen mit, sechzig Kilometer. Wir können die Wohltat kaum fassen. Unter uns rollen die Räder. Die Chausseebäume eilen vorbei. Weiter geht es, immer weiter, und es kostet uns keine Kraft. Das müde Gesicht meiner Frau braucht nicht noch müder zu werden. Wir können essen, was gute Menschen uns mitgaben, dabei vorwärtskommen und unsere Kräfte sparen. Der Luftzug des Wagens übersprüht uns mit einem feinen Schmutzregen, den die Räder von der nassen Straße aufwirbeln. Was kümmert uns das! Wir fahren. Wir empfinden nur Dankbarkeit. Gestern und heute schaffen wir, was wir sonst nur in fünf Tagen geschafft hätten.

Je näher wir Zanow kommen, um so unerbittlicher steigt ein anderes Gefühl in meinem Herzen auf. Von Zanow sind es nur fünfzehn Kilometer bis zu dem kleinen Fischerdörfchen Laase zwischen Ostsee und Jamunder See. In den letzten bangen Jahren galt es immer als unser Fluchtziel, weil Hetchen dort wohnte, die Freundin meiner Mutter, die Launingken verließ, als diese gestorben war, und sich ein Häuschen baute in dem Dorf ihrer Kindheitserinnerungen. Wie oft bin ich dort bei ihr gewesen, hörte ihre alten Lieder und blieb verbunden mit ihr, die meine Mutter über alles geliebt und diese Liebe und ihr Verstehen auf meine Frau und mich übertragen hatte. So klein ihr rohrgedecktes Haus auch war, es barg auch von uns soviel

Liebe und persönliche Dinge, die wir aus unserer Gefahrenzone dorthin gesandt hatten. Und nun ist Hetchen selbst und ihr ganzes Paradies in drohender Gefahr, und wir sind auf dem Wege zu ihr, und meine Freude ist groß, und meine Sorge noch größer.
An der Plane unseres Autos vorbei sehe ich die D-Zug-Strecke Danzig—Stettin auf hohem Bahndamm, dann das ebener werdende Land, hinter dem die Ostsee sich dehnen muß. Wie friedvoll war mir immer zumute gewesen, wenn ich dort fuhr und mich freute, in Hetchens ausgeglichene und gottvertrauende Nähe zu kommen. In ihrem Wesen, ihrer Persönlichkeit lebten meine schönsten Erinnerungen, meine glücklichen Jugendjahre, meine Mutter, mein gutes Land, wie es früher war.
Wir stehen auf der Straße in Zanow und schlagen den Weg über Wussecken nach Laase ein. Alles ist mir vertraut und bekannt und es ist mir so, als müßte eine große Freude kommen. Aber die Begleitumstände sind so lähmend. Als wir aus dem Kirchdorf Wussecken biegen, liegt die weite, taunasse Eisfläche des Jamunder Sees vor uns und rechts davon Laase. Es liegt kein Schnee, dunkel hebt sich die Nehrung vor dem Horizont über der Ostsee aus dem Eis. Die niedrigen Fischerhütten ducken sich unter die Dünen. Nur eine riesige Pappel ragt furchtlos in Sturm und Wetter hoch über sie hinaus. Hetchen wartet mit Schmerzen, ob wir kommen werden. Das weiß ich. Jetzt grüßt ihr Häus-

chen schon zu uns herüber durch die wintergraue Luft. Fast lila sieht das Rohrdach aus neben den grünen Tannen und der Linde am Brunnen. An dem Fenster ihrer Stube kommen wir vorbei. Da sitzt sie und näht. Sie sieht uns, springt auf und in der Haustür halten wir uns fest in den Armen. „Ich wußte, daß ihr kommen werdet. Ich wußte es bestimmt. Der liebe Gott braucht euch noch. Ich habe es immer gefühlt, daß ihr gerettet werdet." Ich bin außerstande, etwas zu sagen. Auch meiner Frau laufen die Tränen über das Gesicht. Doch Roman strahlt die ungetrübte Freude aus den Augen. Er kennt Hetchen. Viele Winterwochen hat sie alljährlich in Guja verlebt. Jetzt ist sie für ihn der erste bekannte Mensch, den er auf unserer Wanderung zu sehen bekommt. Am Abend sagt er zu mir: „Hier wir bleiben, Herr von Sanden, hier gut, keine fremden Menschen, wir Fräulein Hetchen alles helfen, aber nicht weggehen." Roman spricht mir aus dem Herzen. Hätte ich nur für mich zu sorgen, ich ginge hier nicht mehr fort und würde gerne Hetchens Schicksal teilen. Aber dürfte ich es ihretwegen wagen? Bei meinem über siebzig Jahre alten Hetchen würden die Russen vielleicht Gnade walten lassen. Meine Anwesenheit aber würde sie belasten.

7. Februar 1945

Laase. Wir haben Ruhe und sind von Liebe umgeben. Die alten Lieder aber schweigen. Wir wagen nicht an ihre erinnerungsschweren Worte und Melodien zu rühren. Alles das muß ruhen, bis andere Tage kommen, oder die Zeit aus der Erinnerung einen Paradiesgarten gemacht hat — oder für immer aus diesem Leben!

8. Februar 1945

Auf der vertrauten Nehrung zwischen Ostsee und Jamunder See fahren meine Frau und ich von Laase zum Fliegerhorst. Wir suchen eine Fahrgelegenheit und finden sie mit einem militärischen Lastzug von Nest bis Neustrelitz in Mecklenburg — schon für den nächsten Morgen.
Auf der ganzen Flucht ist Gottes Hand über uns gewesen. Ich sehe und verstehe noch nicht alles im einzelnen. Der Ansturm der Empfindungen ist jetzt zu stark. Aus demselben Grunde geht das Beten immer nur bis zu dem: „Laß uns nicht zuschanden werden. Laß uns nicht irre werden an allen bisherigen Erfahrungen und Erkenntnissen."
Als wir nach Laase zurückkommen, sind unsere Rucksäcke mit Lebensmitteln gefüllt. Die Fischer haben uns so viel geschenkt, daß wir nicht alles mitnehmen können.

9. Februar 1945

Frühmorgens in der Dunkelheit die Trennung von Hetchen. Sie hofft in ihrer frohen Glaubensstärke für Laase. Ich erhoffe Gottes besondere Gnade für sie. Sie hat in diesem weltfernen Dörfchen am Meer nicht gesehen, wie es von draußen heranstürmt. Was kann ich für Laase noch erhoffen? Für seine stillen, treuherzigen Fischer? Einer von ihnen fährt meine Frau bis zum Fliegerhorst durch den schweren Sand. Langsam kommt die Tageshelle auf der Nehrung. Rechts braust die Ostsee, links schweigt der glänzende Eisspiegel des großen Sees. Auch dieser graue Wintermorgen ist voller Schönheit und Eigenart. Aber ich habe keinen Sinn dafür. Es stimmt mich noch ernster. Die Flieger haben ihren Horst schon verlassen. Nur einzelne veraltete Flugzeugtypen stehen zwischen sturmzerzausten Kiefern. Auf der Straße davor ordnet sich der Lastzug. Ein Feldwebel führt ihn. Er scheint kurz und barsch zu sein. Sein Herz ist weich und gut. Er hilft noch anderen Flüchtlingen. Wir kommen in den Werkstattwagen des Zuges.

Was ist das für ein Gefühl, zu wissen, daß wir über dreihundert Kilometer so fahren dürfen. Nur die Gedanken an unser zurückgebliebenes Hetchen liegen schwer auf mir. Ich konnte sie aber nicht aus ihrem Häuschen, aus ihrer vertrauten Umgebung herausreißen und in die Ungewißheit und Heimatlosigkeit führen. Ich habe selbst nichts mehr und kann nicht für sie eintreten, bin auch nicht imstande, von ihr abzuhalten, was im heutigen Deutschland auf uns niederbricht. Es ist sicher barmherziger für sie, in ihrer Heimat das Kommende zu erwarten, und doch wollen meine Gedanken nicht zur Ruhe kommen. Ich sehe immer unser fernes Reiseziel vor mir: den kleinen Bauernhof am Hafnersee in Kärnten nahe der jugoslawischen Grenze. Wenn ich Hetchen dorthin bringen könnte! Sie war mit uns schon einmal da. Aber es ist ja unmöglich bei den Strapazen, und das ist ebenso unsicheres Grenzland wie Ostpreußen.

Hinter Kolberg hält der Lastzug auf der Strecke. Der Feldwebel hat eine neue Flüchtlingsfamilie aufgenommen, eine Ärztin, ihren Mann und zwei fast erwachsene Töchter. Sie sind aus Elbing, kamen dort gerade aus einer Abend-Kinovorstellung, um nach Hause zu gehen. Auf der Straße begegneten sie russischen Panzern, sind nicht mehr in ihr Haus gekommen, sondern sofort, so wie sie waren, auf die Flucht gegangen. Die Schuhe sind Geschenke mitleidiger Menschen auf ihrer langen Wanderung, ebenso die Rucksäcke auf den Schultern. Der dreiundsiebzig Jahre alte Herr ist fast blind. Dankbares Glück strahlt aus ihren Augen, als sie sich fahren fühlen und auf Kisten und Werkzeugbänken sitzend ruhen. Einer der Soldaten gibt dem Blinden eine Zigarre, einen seit Wochen entbehrten Genuß. Vorsichtig hält er sie in der Hand, spürt den

Duft und sagt: „Wie hat man es gut! Und dann noch gefahren werden.“ Die Familie hat nichts mehr. Vermögen, Wohnung, Praxis, alles ist untergegangen. Nur ihren Ärzteschein besitzt die Frau, nicht das einfachste medizinische Handwerkszeug. Die Kleidung beginnt sich aufzulösen.

Von Zeit zu Zeit wird der Lastzug von Polizeistreifen angehalten. Jedes Mal bange ich um Roman. Aber immer ist der Feldwebel als erster aus dem Wagen und bewahrt seinen Zug und uns vor jeder Kontrolle. In Cammin bleiben wir über Nacht.

10. Februar 1945

Unsere Fahrt geht südlich um Stettin herum über die Oder. Niemand weiß hier etwas Genaues über die Frontlage an diesem Abschnitt. Aber die Russen müssen nahe sein. Schon lange vorher geraten wir wieder in unabsehbare Treckzüge und Flüchtlingsmassen. Je weiter südlich wir fahren, je näher wir der Oder kommen, um so stiller werden die Leute des Lastzuges und die Flüchtlinge. Die Fahrt auf der überfüllten Straße geht nur langsam. Durch schwere Panzersperren müssen wir uns winden. Überall sehe ich die Bevölkerung Stellungen bauen. Es ist dasselbe Bild, wie ich es vom Spätsommer aus Ostpreußen kenne. Als wir das andere Oderufer erreicht haben, spüre ich bei allen in unserem Werkstattwagen eine

Erleichterung. Die Soldaten suchen sich ein Zigarettchen und sehen sich vielsagend an. Die Flüchtlinge erzählen Erlebnisse. Alle sind von einem Druck befreit. Bald aber wird es stiller im Wagen. Wer nicht Dienst hat, sinkt in sich zusammen und schläft. Mit der Dunkelheit sind wir in Neustrelitz.

13. Februar bis 22. März 1945

Wir haben Aufnahme in Havelberg gefunden, so lange wir wollen, und so freundlich, wie wir es nur wünschen konnten, bei der Jugendfreundin meiner Frau und deren Mann. Wir haben Zeit, uns zurechtzufinden, wieder aufzutauchen aus dem Strudel der letzten Wochen und Umschau zu halten, was nun werden soll.
Ich bekomme zwei Briefe von Hetchen. Am 10. Februar schreibt sie: „Euch hier zu haben, war mir ein unbeschreibliches Glück." Am 22. Februar schreibt sie: „Gott helfe weiter! Heute ein herrlicher Vorfrühlingstag. Mir war es so, als hörte ich wilde Gänse schreien." Hetchen ist nicht ohne Hoffnung gewesen. Als ich den Brief in der Hand hielt, war Laase schon von den Russen überflutet.

23. März 1945

Wir sind entschlossen, nach Kärnten zu fahren und dort auf den Hafnerhof zu gehen, dem Letzten, was

wir besitzen in dieser Zeit. Nur schweren Herzens verlasse ich Deutschland. Aber unser kleiner, so weit entfernter Hof ist trotzdem das Nächstliegende für uns. Wir finden keine menschliche Verpflichtung, die dagegen spricht. Die Reise ist ein Risiko und das Dortsein auch. Das Gelingen hängt von Gott ab und davon, wie wir uns innerlich halten werden.
Heute sind wir den ganzen Tag im Trümmerfeld Berlin. Es ist merkwürdig, wie belanglos alles ist, was man sieht und erlebt, seit die Heimat fort ist. Ich weiß nicht, wie ich es zu deuten habe. Sind wir freier geworden oder stumpfer? Nur noch eins ist außer dem Heimweh imstande, die Seele stärker zu bewegen: das Schicksal all unserer liebsten Menschen. Fast ausnahmslos lebten sie in Ostpreußen oder doch östlich der Oder. Ein undurchdringlicher Vorhang liegt über jenem Land, und auch im westlichen Deutschland gerät langsam alles ins Stocken. Unsere Welt ist hoffnungslos zusammengebrochen unter grauenvollen Begleiterscheinungen. Auch das übrige Deutschland scheint unaufhaltsam dem gleichen Schicksal entgegenzueilen, doch wird es ihm nicht so schlimm ergehen wie meinem armen, gequälten Ostpreußen, das selbst nichts verbrochen hat.
Roman mitzuhaben, bedeutet uns eine seelische Erleichterung. Sein Gemüt war nicht so stark in Mitleidenschaft gezogen wie das unsrige. Er lebte in der Hoffnung, seine Heimat noch einmal, wenn auch auf

Umwegen, zu erreichen. Er war hellwach, sah sich alles aufmerksam an und teilte sich uns mit. Als wir mit ihm in Berlin „Unter den Linden" unsere Räder vor uns herschoben, fortwährend auf eine Glasscherbenschicht tretend, und ihm dabei die zertrümmerten Häuser, das Kaiserliche Schloß und die trostlosen Trümmerstätten zeigten, mußte er sein Herz befreien, blieb stehen, sah uns an und sagte in seinem in Ostpreußen erlernten Deutsch: „Ach Gott, ach Gott, was hat das Mensch Hitler angerichtet!"

24. bis 26. März 1945

Ein Lichtstrahl hat uns gestreift und behielt sein Leuchten, als er gleich wieder zu verlöschen drohte. Herr Scherwitz aus Königsberg mit Frau und Tochter sind gerettet im Thüringer Wald. Wir sind auf dem Wege nach Ilmenau. „Über allen Gipfeln ist Ruh'." War haben Herrn Scherwitz heute früh telefonisch gesprochen. Gestern hat er die Nachricht erhalten, daß sein einziger Sohn in Ostpreußen gefallen ist. Er will uns trotzdem haben, und wir sind ihm dankbar dafür, sind uns gegenseitig ein Stück Heimat.

Frühlingserwachend ist das Thüringer Land. Heimatlich vertraut klingen die Stimmen alter Freunde zusammen, finden wieder durch Not und Tod zueinander.

27. und 28. März 1945

Ilmenau — Saalfeld — Nürnberg — Regensburg — Passau

Die mühsam durch zerschlagene Städte dahinschleichenden Züge, überfüllt von freudlosen Soldaten und heimatlos fahrendem Volk, zeigen unerbittlich den raschen, nicht mehr abwendbaren Zusammenbruch Hitlers, aber auch Deutschlands.
Wir sind außerstande, klare Gedanken zu fassen. Manchmal wollen Zweifel hochsteigen, ob es richtig ist, an die Grenze Jugoslawiens zu fahren in ein fast fremdsprachiges Gebiet. Aber Zweifel und Kummer versinken vor dem einen Wunsch, vier eigene stille Wände um uns zu haben, einmal nicht Elend, Trümmer und traurige Menschen zu sehen und zu schlafen.

Vom 29. März 1945 bis zum Ausklang in Deutschland

Bevor wir nach Österreich und zu unserem Hof kommen, liegt noch so manches vor uns. Wann wir die Grenze erreichen, ist unberechenbar. Fast acht Stunden stehen wir schon auf dem Regensburger Bahnhof in Erwartung eines Zuges über Salzburg nach Hallein. Niemand weiß, wann er eintreffen wird. Aber es ist trotzdem zu bewundern, wie die Eisenbahn ihren Betrieb bei den Bomben und sonstigen Schwierigkeiten aufrechterhält. Der Bahnhof bietet ein Bild trostloser Verkommenheit. Zwischen den Schienen liegt alles voller Unrat. Die Bahnsteige sind verschmutzt. In den Unterführungen haben sich übermüdete Offiziere ein Lager gemacht. In Decken gewickelt liegen sie auf regennassem Zement und schlafen wie tot. Nur wenn sie bei der zeitweiligen Überfüllung von Soldaten und Verwundeten angestoßen werden, merkt man, daß sie leben. Aber niemand wird ungeduldig oder böse. Die Müdigkeit ist zu groß und jeder weiß, daß sich nichts an den augenblicklichen Zuständen ändern läßt.

In einer Bahnhofsecke steht ein Tisch mit einfachen

Eßgeschirren, dahinter ein älterer Herr in Parteiuniform mit sympathischen, aber traurigen Augen — und doch gütig lächelnd, wenn ein Soldat sich nähert. Er bemüht sich, Verwundeten und auch Nichtverwundeten warme Suppe auszuteilen. Seines Alters wegen ist ihm wohl dieser Dienst zugeteilt worden. Ich will nichts essen, beobachte ihn aber, ohne selbst beachtet zu werden. Dieser Mann ist einer von den vielen, vielen Deutschen, die sich sofort und aus Überzeugung für ihr Vaterland zur Verfügung gestellt haben. Durch Generationen, in der langen Zeit der Hohenzollern, ist es ihnen in Fleisch und Blut übergegangen, sofort zur Stelle zu sein, wenn auch nicht mehr in vollen Kräften. Es galt ja, dem Vaterland zu dienen. Als Hitler zur Machtergreifung kam, waren seine Pläne in der Politik und in all den anderen Zweigen, die er sich mit seinen Leuten vorgenommen hatte, den meisten Deutschen noch längst nicht klar geworden. Das war auch in höheren Kreisen so, wie ich selbst feststellen konnte, erst recht aber bei dem durch Arbeitslosigkeit gedrückten Arbeiter- und Mittelstand. Die wirtschaftlichen Verhältnisse legten sich schwer auf das ganze deutsche Volk in allen Kreisen. Rache ist immer schlecht. Strafe kann gut sein, aber auch nicht immer. Ohne die Schuld von uns Deutschen mildern zu wollen, hätten die Alliierten die auffallenden Erscheinungen bei uns erkennen und lindern helfen müssen. Hitler und sein Stab waren derweil nicht tatenlos oder bloße Dilettanten gewesen, sondern setzten von Anfang alle Hebel an, die nur möglich waren, ihr Ziel zu erreichen.

Das Mienenspiel meines Gegenübers an der Theke zeigte allzu deutlich, daß er jetzt erkannt hatte, sich getäuscht zu haben. Sein gütiges, wehmütiges Lächeln aber gilt nicht sich selbst, sondern den übermüdeten und hungrigen Soldaten. Seine praktische Hilfe von Mensch zu Mensch, jetzt am Ende der Hitlerzeit, wird ihm eine Linderung bedeutet haben, leichter und besser sein als der Dienst in Konzentrationslagern und Vergasungsräumen.

Ich stehe mit meiner Frau und Roman noch immer auf dem Bahnsteig des Zuges nach Hallein. Jeder von uns hat reichlich zu tragen. In Laase ist unser Gepäck durch einige uns besonders liebe Gegenstände umfangreicher geworden. Darunter befinden sich fünfundvierzig Gujaer Feldblumen-Aquarelle meiner Frau mit den kurzen Texten über Standort und Umgebung von mir. Nach dem Krieg erschienen unter dem Titel „Bunte Blumen überall".

Nun heißt es, wenn der Zug kommt, in seine zu erwartende Überfüllung hineingelangen. Als er endlich einläuft, verteilen wir uns an dem vor uns haltenden Wagen so rasch wie möglich an drei Türen, um hineinzukommen. Meine Frau versucht, Roman, der etwas zaghaft vorgeht, noch rasch behilflich zu sein, was auch Erfolg hat, kommt aber selbst nicht mehr hinein. Ich bin schon im Wagen, kann mich aber nicht rühren und stehe hoffnungslos eingekeilt auf einem Bein zwischen lauter Menschen in gleicher Lage. Meine Frau steht draußen, allein, vor einem Fenster bei schon geschlossenen Türen. Ich höre ihr flehendes Bitten, ihr hindurchzuhelfen, aber die gerade in dem Abteil befindlichen Verwundeten haben verletzte Arme, die hochgebunden sind. Jeden Augenblick kann der Zug abfahren. Ich rufe laut ihren Namen aus meiner qualvollen Stellung. Eine kurze Zeit bleibt alles still. Dann ist mir, als höre ich Bewegung im Nebenabteil. Wird ihr geholfen? Und dann auch gleich die Stimme eines Soldaten: „Seien Sie man beruhigt um Ihre junge Frau! Der Kopf ist schon drin, das andere wird auch noch folgen!" Von außen hatte ein Eisenbahner geschoben, die hilfreichen Soldaten getan, was sie konnten, trotz ihrer Schmerzen, und im nächsten Augenblick lag sie der Länge nach auf ihren Knien, über sich die hochgebundenen, verwundeten Arme in Holzgestellen, damals scherzeshalber „Fieseler Störche" genannt. Gleich darauf fuhr der Zug an. Zueinander gelangen konnten wir in der Enge nicht, waren aber froh und dankbar, im Zuge zu sein. Hinaus würden wir schon kommen.

In Hallein blieben wir eine Nacht im Hotel „Zum Blauen Stern". Es war heller Tag und unser Quartier zeigte sich von der allerschönsten Seite, wie man es sich in Deutschland und auf unserer viele Wochen dauernden Flucht gar nicht vorstellen konnte: ein geräumiges, von der Sonne hell durchstrahltes Zimmer, schneeweiß bezogene Betten, frisches, klar fließendes Wasser und helle, im lauen Frühlingswind wehende Gardinen. Es war für uns nach allem Bisherigen wie ein schöner Traum. Österreich bleibt Österreich.

Am anderen Morgen fühlten wir und Roman uns so erfrischt und hoffnungsvoll, wie wir es gar nicht mehr kannten. Wir stiegen in die Tauernbahn, hatten reichlich Platz und fuhren ohne Störung über Bischofshofen, Schwarzach-St. Veit, Gastein, durch den Tauerntunnel, Mallnitz und dann rasch bergab über die vielen, für jene Strecke charakteristischen tiefen Gebirgsschluchten, bis wir unerwartet vor einer solchen hielten. Die Eisenbahnbrücke war von englischen Fliegern durch gut gezielte Bombenabwürfe total zertrümmert.

Alle Passagiere mußten mit Sack und Pack aus dem Zug heraus und ohne Weg und Steg auf steinigen Hängen und durch verwachsenes Gesträuch, aber bei leidlich hellem Mondschein die Gebirgsschlucht hinauf und diese umgehen. Als das geschafft war, ging es auf der anderen Seite wieder steil bergab. Dort stand auf freier Strecke ein Zug für uns mit nur wenigen Wagen. Aber bei österreichischer Ruhe und Freundlichkeit ließ sich alles regeln. Wir männlichen Passagiere machten in den Waggons Platz und verteilten uns auf die Puffer dazwischen, wo wir mit den Händen guten Halt fanden. Zwar stand man bis Villach im dichten Funkenregen. Aber die Österreicher heizten mit Braunkohlen, deren Funken beim Aufschlag sofort verlöschten. In Velden verließen wir den Zug und begaben uns auf den 16 Kilometer weiten Fußweg über Augsdorf, Schiefling zu unserem Hafnerhof am Hafnersee. Zuerst war es noch Nacht. Dann aber kam die Sonne und mit ihr die überwältigende Schönheit unseres Keutschachtales mit seinen Wäldern, Bergen und den hohen Karawanken im ersten Vorfrühling.

Als wir nach der nächsten Nacht erwachten, noch schöner und frischer als in Hallein, und zu unserem kleinen See gingen, zum Turiawald und zu den gegenüberliegenden Höhen, standen in kristallklarer Luft die von frischem Neuschnee geschmückten Häupter der Karawanken und schlossen scheinbar den Horizont nach Süden ab. In ihrer weißen Winterpracht schienen sie dem Einzug des Frühlings ein schweres Hindernis in den Weg zu legen. Bis tief herab auf ihre bewaldeten Hänge reichte der Schnee, ein kaltes, in der Morgensonne großartiges Winterbild. Und doch war der Frühling schon da. Leise, wunderbar, an tausend Stellen zugleich hatte er sein Werk begonnen. Unaufhaltsam führte er es fort und ließ sich weder durch die winterliche Bergwelt, noch durch kalte Winde oder sonnenlose Tage beirren. Einen stärkeren Gegensatz zu unserer Flucht konnte es nicht geben.

Das Wasser war sein Bundesgenosse. In allen Schluchten brauste es, rann um Felsen, stand in Bodenvertiefungen und sickerte in die frostfrei werdende Erde, um schlafende Wurzeln zu wecken. Weiße Schleier zogen vom Süden am Himmel herauf. Viel höher waren sie als der dreizackige Triglav. Mit dem Vorrücken des Tages wurden sie dichter und dunkler und zogen vor die Sonne, ihnen folgte der warme Wind. Wenn die Sonne schien, war ihre Kraft stark. Sie erwärmte das Erdreich, die Rinde der Bäume, die schwellenden Knospen. Noch größere Wunderkraft aber schien der Regen zu besitzen, der gegen Abend aus der Wolkenwand zu fallen begann, warm und leise eine ganze Nacht hindurch. Am nächsten Morgen zog ein lebenspendender Duft über das Land aus allen Wäldern, von der Erde und den erwachenden Pflanzen mischte er sich mit den warmen Strahlen der wieder scheinenden Sonne. Die Vögel jubelten und die ersten Bienen suchten summend nach erwachenden Blüten. Allen Staub und Winterschlamm hatte der Regen abgespült. Frisch erstanden war die Bergwelt und auch die Kette der Karawanken hatte durch neuen Schnee, der in ihrer Höhe statt des Regens gefallen war, ein noch reineres Aussehen erhalten.

Tage voller Sonne und Wärme folgten. Die südliche Lage des Landes bedingte auch zu der frühen Jahreszeit ihren hohen Stand. Bald erblühten nahe der Erde all die kleinen Frühlingsblumen. Veilchen dufteten am Grabenrand. Huflattichblüten sahen gleich kleinen Sonnen zwischen weißen Kalksteinen hervor. Unter Baumgruppen stand der rotlila Lerchensporn. Märzbecher und Anemonen durchzogen lichten Laubwald, und wie tiefblaue Augen sah der kleine Enzian aus grauem Gras in die helle Sonne und öffnete sich, so weit er konnte.

Kein Luftzug kräuselte den stillen Spiegel des Bergsees. Das junge Rohr sah mit den ersten Spitzen aus dem Wasser. Unbeweglich beugten sich die vorjährigen Halme darüber. Eine fast unwirkliche Schönheit und Stille lag über der nahen und fernen Umgebung und noch einmal im Spiegelbild des Sees. Dunkelgrün stieg das alte Bergmassiv des Turiawaldes in den blauen, schon sommerlich wirkenden Himmel. Leise klang das Rauschen der zum See herabeilenden Bergbäche aus den dichten Bäumen. Eine rötliche Felswand ragte hoch über den Wäldern, lieblich unterbrochen von Feldstücken und Wiesen, einzelnen Bäumen an Hängen und Hügeln stieg das Tal langsam nach Westen an. Hell lag das Sonnenlicht auf den verstreuten Häusern und einer Kirche mit schlankem Turm. Der Ton ihrer Glocke schwang durch das Tal über den See. Beherrschend stand im Westen die hohe, ebenmäßige Kuppe der Görlitzen. Ihr naher, blendend weißer Neuschnee verstärkte alle Farben des Landes,

auch der See erhielt seinen Charakter von diesem Berg.
Wir kamen in Ruhe zu uns selbst. Roman fand in Klagenfurt Landsleute aus Polen. So hatte er Anschluß und Hoffnung, mit ihnen die Heimat zu erreichen. Wir wollten gerne Verbindung miteinander halten. Doch die wirren Verhältnisse jener Zeit und die trennenden politischen Ansichten von Ost und West verhinderten seine und unsere Versuche.
Die Alliierten, in Kärnten die Engländer, überwachten alles und hatten bei Entscheidungen das letzte Wort. Sie arbeiteten ruhig und genau, aber nie kleinlich. Die Erlaubnis, nach Deutschland zurückzugehen, erhielten wir im Juli 1946. Es war nur möglich, sich mit anderen Deutschen ausweisen zu lassen. Wir fügten uns darein, weil wir unseren Besitz in Österreich schon seit 1929 hatten und auch behalten wollten. Alle Formalitäten zu unserer Ausreise nach Deutschland wurden uns mit großer Freundlichkeit erleichtert. Die Beschlagnahme von Hof, Land, See und Wald war nur eine Formsache. Nach dem neuen Staatsvertrag 1956 fiel automatisch alles an uns zurück.
Unsere Kärntner Freunde, aber auch die Engländer, die wir im Laufe der Zeit kennengelernt hatten, rieten uns dringend von der Rückkehr nach Deutschland ab. Beide hatten es in jüngster Zeit aufgesucht. Ihr an uns abgegebenes Urteil lautete: „Hier haben Sie es gut, in Deutschland sind Sie in einem großen Konzentrations-

lager." Aber wir blieben dabei. Schlimmer als wir es aus den letzten Jahren in Deutschland in Erinnerung hatten, konnte es nicht geworden sein. Ende Juli fuhren wir dorthin zurück. Wir hatten das Gefühl, daß es das Natürliche und Richtige sei. Als wir dann wirklich dort waren, haben wir schnell verstehen gelernt, was das Wort „Flüchtling" zu bedeuten hatte. Kurz entschlossen stellten wir uns, wenn auch unter äußerst knappen Verhältnissen, auf die eigenen Füße und glaubten, mit „unseren Talenten" wieder hochzukommen.

Noch am Ende unserer Kärntner Tage hatten wir erfahren, daß der größte Teil der Bronzen aus den Händen meiner Frau bei einer Freundin am Chiemsee unberührt erhalten geblieben war. Wir holten sie zurück, und sie wurden der Grundstock für ihre weiteren Bildhauer-Arbeiten — neben ihrer Malerei und den Büchern, die ich schrieb. Zuerst war es schwer, das Gleichgewicht nach dem Verlust unserer so besonders schönen Heimat zu finden. Sechs Jahre mußten unter sehr primitiven Verhältnissen überwunden werden. Dann gelang es uns, ein für uns passendes Haus zu bauen. Unsere Kinder und Enkel sind weit fort von uns, aber zufrieden bei selbsterwählten Berufen.

In unserem Guja wohnen, wie wir erfahren haben, freundliche Polen. Im Laufe der Jahre hörten wir, daß Guja seinen Namen behalten und mit seinem Land, Wald und See dicht an der russischen Grenze noch in

Polen läge. Die Warschauer Naturschutzbehörde war gleich hingekommen, um aus See, Wald und Land ein großes Naturschutzgebiet zu machen. Als letztes hörte ich, daß in der Zeitschrift „Wild und Hund" der Gujaer See als „See der sieben Inseln" bezeichnet worden war. So hatte ich ihn schon früher in einem Buch über die Stein- und Bronzezeit benannt. Diese freundliche Geste sprach nicht von Haß gegen das in unserem Geiste weiterlebende Guja.